QUESTIONS SOCIALES

PRÉVOYANCE ET MUTUALITÉ

ESSAI D'UN PROJET
DE SOLUTIONS PRATIQUES

Pour obtenir la généralisation et l'application des moyens de Prévoyance et de Mutualité

CONTRE

Les Maladies, les Accidents professionnels et la Vieillesse des Ouvriers du travail manuel

PAR

L. GRENTHE

Industriel à Pontoise (S.-et-O.)

Vendu au profit de l'Épargne collective des ouvriers de l'Usine

PRIX : 1 fr. 50

QUESTIONS SOCIALES

QUESTIONS SOCIALES

PRÉVOYANCE ET MUTUALITÉ

ESSAI D'UN PROJET

DE SOLUTIONS PRATIQUES

Pour obtenir la généralisation et l'application des moyens de Prévoyance et de Mutualité

CONTRE

Les Maladies, les Accidents professionnels et la Vieillesse des Ouvriers du travail manuel

PAR

L. GRENTHE

Industriel à Pontoise (S.-et-O.)

Vendu au profit de l'Épargne collective des ouvriers de l'Usine

PRIX : 1 fr. 50

AVANT-PROPOS

Sous le titre général de **Questions Sociales**, nous avions été amenés à publier, depuis le 23 novembre 1892, dans le *Progrès de Seine-et-Oise*, une suite d'études sur les questions de prévoyance et de mutualité pour les cas d'empêchement au travail dûs aux maladies, aux accidents professionnels et à la vieillesse.

Ce travail, que nous avions commencé dès 1885, et dont les grandes lignes étaient signalées à propos d'une élection en août 1893, ayant paru à quelques personnes suffisamment intéressant, et d'autre part la série des numéros du journal étant épuisée, nous nous sommes décidés à réunir en brochure les différents articles qui ont été publiés et nous les présentons classés suivant une méthode voulue pour l'intelligence du travail à suivre.

1er Juillet 1894.

PRÉFACE

De toutes les questions sociales, celles qui visent à l'établissement de la prévoyance en faveur du travailleur sont aussi celles qui demandent les solutions les plus rapides parce qu'elles touchent à l'individualité dans le temps présent.

Certes, les questions sociales qui demandent une solution sont nombreuses, tellement nombreuses, tellement complexes, et se lient si bien les unes aux autres, qu'il est facile de comprendre l'embarras des hommes qui ont voulu s'occuper de ces questions, lorsqu'il leur a fallu présenter des solutions pratiques comme conclusion de leurs études.

Beaucoup de gens sensés, avisés, prévoyants, sentent dans le socialisme un flot toujours montant, prêt à déborder, à entraîner et à engloutir certaines bases de l'édifice social.

Le nombre est grand de ceux qui ont cherché à reconnaître le mal, le signaler, l'analyser, mais en fin de compte ont fait un peu « comme les gens qui se lamentent autour d'un malade, et ne l'ont jamais guéri. »[1]

Guérir serait peut-être beaucoup entreprendre, chercher à soulager d'abord sera peut-être mieux ; c'est ce que nous proposons d'essayer, au moins sur la partie qui concerne l'épargne de prévoyance à constituer dans l'intérêt du travailleur pour lui permettre d'envisager sans crainte pour l'avenir les causes d'empêchement au travail comme les maladies, les accidents, la vieillesse.

A cet effet, nous nous proposons, avant de présenter nos idées, d'étudier préalablement ce qui existe à l'état présent, les résultats acquis, les inconvénients de certaines combinaisons. Nous retiendrons ce que nous pensons être bon et praticable, de manière à tabler avec assurance sur l'expérience et sur les faits acquis, nous ferons en un mot ce que nous pourrons pour rester pratique, et si le besoin se fait sentir d'apporter un perfectionnement à quelques organisations et même pour les idées personnelles que nous pourrons émettre, nous ferons en sorte d'adopter pour la réalisation de nos innovations des applications nouvelles de moyens connus.

Enfin, dans notre travail, comme idée générale, ce que nous cherchons, c'est une organisation démocratique qui puisse satisfaire tous les travailleurs. Ce que nous défendons, c'est le respect de la liberté individuelle et le droit de chacun.

(1) Yves Guyot. — Préface des Principes de 89 et le Socialisme.

Ce que nous espérons, c'est un début de l'apaisement entre les classes des travailleurs, c'est l'antagonisme entre patrons et ouvriers fortement ébranlé, c'est le commencement de la suppression des éléments de discorde entre le capital et le travail.

Nous exposerons nos idées en toute sincérité. N'ayant pas l'habitude d'écrire, que l'on veuille bien à l'avance excuser nos incorrections en faveur de la tâche que nous nous sommes imposés.

PREMIÈRE PARTIE

Étude préalable des moyens actuels de prévoyance

La Prévoyance

Ne peut-on pas dire de la prévoyance ce que Mirabeau disait de l'économie, cette forme de la prévoyance « qu'il définissait la seconde providence du genre humain. » (1)

N'est-ce pas en effet une seconde providence que la possibilité d'avoir devant soi l'assurance de l'avenir, la sécurité du lendemain ; de savoir que quoi qu'il arrive, maladie, accident ou vieillesse, une organisation s'est faite pour s'assurer chacun sur les besoins à venir les plus ordinaires de l'existence.

La prévoyance constitue donc un des biens les plus immédiats à mettre à la portée des travailleurs ; il faut par conséquent leur en faciliter l'accès en les aidant à la constituer solidement, et en faisant reposer les bases sur un point d'appui sérieux, la valeur de chacun dans le travail.

(1) Mirabeau. Discours sur un projet de Tontine viagère.

Dans les conditions ordinaires de la vie, le but de chacun en travaillant est d'abord de pourvoir aux conditions de l'existence qui lui est propre, à celle de tous les siens. Mais le travailleur sait bien que ce n'est pas tout; généralement sage et prévoyant, les causes d'empêchement au travail ne peuvent lui échapper; il compte alors avec la maladie qui peut pendant un temps plus au moins long le priver lui et les siens du produit de son labeur; au fur et à mesure qu'il avance en âge, il envisage aussi la situation pour ses vieux jours, pour le moment où, usé par les ans, par des fatigues de toutes sortes, il ne pourra plus subvenir à ses besoins.

Il pense bien par raison à prévoir pour l'avenir; l'épargne lui apparaît comme la compensation qu'il serait nécessaire d'établir pour les besoins futurs, mais il se trouve alors en présence d'un salaire toujours si justement employé que l'épargne dont il peut disposer est insignifiante et lui montre l'impuissance de son action individuelle en face du problème qu'il a à résoudre.

Cet état, sans toujours le décourager, donne cependant des préoccupations au travailleur; il se sent mal à l'aise sous les idées qui l'assaillent; il est obsédé, énervé; il arrive avec toutes les dispositions favorables pour accueillir et s'assimiler comme une manne les théories malsaines dans lesquelles il trouve un champ favorable à ses aspirations; il finit par prendre les promesses dont on veut bien le gratifier pour des réalités dont il aura la jouissance à bref délai. Ne voyant pas la réalisation des espérances qu'on lui avait fait entrevoir, voyant l'ajournement de toutes les mesures qui pourraient lui donner satisfaction, il devient, à un moment donné, réfractaire au mieux que l'on peut lui proposer; il arrive à se défier de tout et de tous, même de ce qui peut paraître ostensiblement son intérêt direct.

Mais s'il est facile d'entraîner le travailleur par des raisonnements utopistes, nous savons par expérience qu'il est également accessible aux idées saines, et que le bon sens, qui sait lui faire reconnaître l'esprit de justice et d'équité dans les relations journalières, ne lui fera pas défaut lorsqu'il aura *pu apprécier, mais d'une manière positive,* la valeur exacte des propositions que l'on peut faire en sa faveur.

Il est donc nécessaire de démontrer par la pratique que ce qu'une individualité ne peut faire pour la prévoyance, une collectivité peut le tenter ; de là, la réalisation de l'idée morale de tous les prévoyants pour garantir chacun qui a donné naissance à la mutualité.

La prévoyance constituant l'ensemble des mesures d'avenir de tous les travailleurs, nous avons à établir dans quelles conditions et par qui elle doit être fournie, et ce que doit être sa véritable relation entre le capital et le travail.

La Mutualité

La mutualité, nous l'avons indiqué tout à l'heure, est l'effort collectif opposé au besoin individuel.

C'est ce qui a été parfaitement compris par les fondateurs des Mutualités en réunissant en un faisceau toutes les unités isolées pour leur donner une valeur capable d'établir la compensation suffisante à des besoins déterminés.

Tous pour un, tel est le principe.

Ce principe constitue, suivant nous, non seulement un palliatif à appliquer aux diverses causes nuisibles, souvent passagères, qui tendent à frapper le travailleur au cours de son existence, mais par l'esprit de solidarité qui en est la conséquence il tend à une union des plus heureuses de tous les travailleurs et devra contribuer pour une bonne part à l'apaisement entre tous ceux qui, à un titre quelconque, coopèrent au travail, quel que soit d'ailleurs leur rang dans la hiérarchie sociale.

Nous devons donc prendre comme une base excellente d'organisation générale le type des Mutualités existantes, sauf à faire bénéficier notre organisation de l'expérience acquise par ces Sociétés, et en étendant leur champ d'action à tous les besoins reconnus nécessaires contre les divers cas d'empêchement au travail.

Les Sociétés de Secours Mutuels

Ces Sociétés, dont on pourrait citer de beaux exemples, offraient pour la France entière au 31 décembre 1890 un ensemble de 9,144 Sociétés, avec 1,232,067 membres participants, aidés par 204,299 membres honoraires, soit 1,436,366 individus qui se sont intéressés à établir entre eux, par le lien puissant de la mutualité, une œuvre de prévoyance contre les maladies et à constituer à chacun de ces membres une retraite pour la vieillesse.

Les ressources de ces Sociétés sont fournies par les deux catégories des membres participants et des membres honoraires :

— obligatoires pour les bénéficiaires ;

— facultatives pour les membres honoraires.

De plus, les Sociétés reçoivent des dons et legs.

Dans la plupart des Sociétés, les hommes seuls sont bénéficiaires ; quelques-unes ont admis les femmes dans certaines conditions.

De l'expérience acquise il est résulté que dans l'impossibilité d'assurer à leurs membres adhérents les frais du service médical, les indemnités journalières de maladie, les frais d'inhumation et de gestion d'une part, plus une retraite suffisante pour la vieillesse d'autre part, les Sociétés ont établi deux manières d'opérer.

Certaines ont adopté les secours en cas de maladie et versent le boni des recettes à la caisse des retraites pour la vieillesse.

D'autres, au contraire, ont pour but principal l'allocation de pensions viagères de retraites ; elles n'assurent pas à leurs membres les divers services de maladie.

Malgré ces précautions et une augmentation toujours croissante et toujours bien suivie jusqu'à ce jour, il semble que pour terminer le cycle des opérations prévues qui devrait consacrer la valeur définitive de la première organisation de ces Sociétés, des obstacles sérieux se soient élevés qui empêchent d'obtenir, surtout en ce qui concerne les pensions de retraite pour la vieillesse, les résultats qui avaient été annoncés.

De plus, ces Sociétés, localisées, sans aucun lien entre elles, limitent vis-à-vis leurs adhérents leurs moyens d'action à la localité même. En sorte que, si un membre participant est amené pour une cause quelconque à changer de localité, il perd une partie des avantages qui lui étaient alloués. Il peut, à la vérité, se placer en demi-cotisation pour conserver ses droits à la retraite, mais alors, pour celui-là, la Société n'est plus la prévoyance qu'il avait acceptée, et s'il se trouve un peu loin, il oublie ses versements et finalement perd le profit de son épargne et les sacrifices qu'il avait fait jusque-là. (1)

Enfin, certaines Sociétés seulement admettent les femmes ; il y a là une injustice flagrante que les considérations d'ordre économique ont quand même fait maintenir ; il faut, en généralisant les Sociétés et les moyens de prévoyance, admettre la femme au même titre et aux mêmes conditions que l'homme.

D'autre part, la statistique indique que, dans 54 départements seulement, on trouve des Sociétés de secours

(1) Nota. — Ceci est tellement vrai qu'une catégorie de travailleurs, les jardiniers, qui souffrent beaucoup de cet ordre de choses, essayent en ce moment, pour justement parer à l'inconvénient que nous signalons, de fonder une **Association nationale** de prévoyance et de secours avec caisse de retraites ; il y a donc bien là un besoin à retenir.

mutuels présentant un excédent de recettes sur les dépenses.

1 département balance ses recettes et ses dépenses.

Dans 35 départements les Sociétés présentent au contraire un excédent de dépenses sur les recettes, soit parce que les membres honoraires, moins nombreux ou moins généreux, ne fournissent pas l'appoint nécessaire pour les besoins prévus, soit parce qu'une épidémie a jeté le trouble dans le régime des prévisions ordinaires en absorbant les recettes au-delà de leur rendement.

D'où proviennent ces regrettables constatations :

1° D'abord de l'insuffisance des ressources ordinairement obligatoires ;

2° Par cette insuffisance, l'obligation de compter comme ressource ordinaire, dans l'établissement des budgets, les cotisations *facultatives* des membres honoraires ;

3° L'absence d'une organisation mutuelle entre toutes les Sociétés elles-mêmes.

Malgré ces imperfections dans l'application et les défauts que nous signalons, le principe qui régit ces Sociétés est tellement juste, tellement vivace et répond si bien à un besoin des travailleurs, que, s'il est possible de dire qu'une organisation mieux étudiée, présentant des résultats plus complets, rallierait aussi plus d'adhérents, nous devons constater qu'avec les Sociétés de secours mutuels telles qu'elles existent, il y a un essai de fait, montrant l'excellence du principe qui a servi à l'organisation première.

Nous devons donc conclure à l'admission de ce principe comme base d'organisation et d'application pour l'œuvre générale de Prévoyance comme nous l'entendons pour tous les ouvriers, hommes et femmes, du travail manuel, pour la France et ses colonies.

Les accidents dans le travail

De ce que nous venons de faire ressortir concernant les ressources des Sociétés de secours mutuels, il n'est pas surprenant que les conséquences des accidents professionnels aient été écartées par ces Sociétés.

Les accidents dans le travail, en tant que maladie, ont pu trouver un secours dans les Sociétés, mais, si à la suite il y a incapacité de travail, il devient matériellement impossible aux Sociétés, déjà très chargées en raison de leurs modiques ressources, d'apporter une compensation quelconque à la situation d'une victime quelque intéressante qu'elle soit.

Ce cas d'empêchement au travail n'a donc eu jusqu'à ce jour que la seule solution de mettre en présence la victime et son employeur, chacun faisant d'ailleurs de son mieux pour échapper à la responsabilité, car il est certain que, s'il est difficile à l'ouvrier d'endosser une responsabilité quelconque dans l'accident dont il a été victime, son patron n'en est guère plus à son aise, et le fait de subir les conséquences d'un gros risque n'est pas sans lui causer de sérieuses appréhensions.

Aussi, qu'est-il arrivé ?

Chacun sentant son isolement, et en raison des risques que l'on courait, on a pensé là aussi à faire du groupement et de la mutualité.

Des gens, toujours à l'affût des affaires, ont deviné une situation difficile, et ont vu une exploitation à tenter ; ils ont fait le groupement qui était indiqué et ont fondé des Sociétés particulières et spéciales d'assurances contre les accidents.

Ces Sociétés sont des sortes de coopérations où le patron est engagé seul au nom de ses ouvriers, mais où la prime est payée partie par le patron, partie par les ouvriers ; elle varie suivant les risques de 5 à 25 centimes par 10 heures de travail ; de plus, dans certaines Sociétés, le patron paie encore une prime spéciale, dite de responsabilité civile, destinée à couvrir le montant d'une indemnité qu'il faudrait payer à une victime en dehors des conditions déterminées et prévues à la police d'assurance.

Moyennant quoi, les Sociétés doivent prendre les intérêts de leurs assurés dans certaines conditions.

Il y a donc là un semblant de garantie pour les conséquences qui peuvent résulter des accidents.

Nous disons qu'il n'y a qu'un semblant de garantie ; voici pourquoi :

Quand il n'y a que des blessures légères, tout se passe assez bien ; le sinistre se règle assez facilement ; mais s'il survient un accident grave, entraînant une incapacité de travail permanente, et comme conséquence une demande d'indemnité un peu élevée, l'ère des difficultés commence.

Sa police en main, la Compagnie fait son enquête, et cherche tout naturellement le point vulnérable pour s'éclipser, et échapper (toujours honnêtement, bien entendu) à la responsabilité de ses engagements ; elle plaide au besoin elle-même contre ses assurés et laisse finalement en présence patrons et ouvriers.

Y a-t-il dans ce procédé des Compagnies d'assurances quelque chose qui doive surprendre. Assurément non, parceque les Compagnies font de l'exploitation dont elles doivent tirer un produit et que tout intéressante que soit une victime, elles font des affaires avant de faire du sentiment.

On comprend qu'avec un résultat aussi peu en rapport avec les besoins créés par les accidents professionnels, les difficultés entre patrons et ouvriers aient eu beau jeu. Chacun, se croyant couvert, pensant soutenir son droit, ne ménageait pas les revendications, et le papier timbré d'aller son train.

Un état de choses semblables n'a pu subsister sans creuser chaque jour, et de plus en plus, le fossé qui divise des intérêts faits pour rester unis, en sorte qu'en laissant subsister ce qui existe on alimente la discorde, et que, loin d'apaiser, on continue à rendre les rapprochements impossibles entre patrons et ouvriers.

Cette conclusion suffirait déjà pour faire rejeter le système de prévoyance par recours aux Compagnies spéciales d'assurances contre les accidents.

Mais il est encore un autre point qu'il est bon d'examiner, c'est celui de l'emploi des fonds versés aux Compagnies.

Nous avons dit que les primes sont versées simultanément par les ouvriers et les patrons ; c'est en un mot une partie des salaires qui se trouve affectée à ces versements. Or les Compagnies, comme d'ailleurs toutes les administrations, ont leurs frais généraux, des frais de commission ou de courtage à payer, des bénéfices à prévoir ; tous ces frais, prélevés sur les versements, présentent une perte sérieuse de l'épargne consentie par les uns et les autres, sans aucun profit pour l'œuvre d'apaisement recherchée ; nous sommes donc en présence d'un système qui non seulement ne rend pas les services attendus, mais encore coûte au travailleur 25 ou 30 0/0 de plus qu'il devrait être nécessaire.

C'est payer cher un mauvais service ; il faut donc trouver autre chose.

Ce n'est pas tout.

Les procès, qui ont été la résultante obligée de cette manière de prévoir, ont eu pour conséquence de mettre individuellement en présence un ouvrier contre son patron ; dans les deux lésés, le plus intéressant au bout du compte étant la victime, il s'est produit en sa faveur une réaction toute démocratique où le bon cœur a dominé.

Les juges, en présence du soi-disant contrat avec les Compagnies escomptant la situation, ne manquèrent pas d'en tirer parti au profit de l'ouvrier, et par des condamnations souvent très dures, mirent les patrons dans des situations très précaires, étant donné le soin des Compagnies d'assurances pour se retrancher derrière un article quelconque de leur police.

Et voilà comment il s'est fait qu'au lieu d'une victime, il a pu s'en trouver deux.

En effet, à des degrés différents, les ouvriers et les patrons sont des travailleurs, les uns étant *réciproquement* indispensables aux autres à l'obtention d'un produit cherché, nous pouvons donc les considérer comme les facteurs naturels de ce produit. Or, si par une cause accidentelle, la valeur de l'un des facteurs se trouve diminuée d'une de ses unités, le produit se trouve diminué d'autant ; faut-il admettre qu'en diminuant également et d'une manière voulue la valeur de l'autre facteur on rétablit la valeur du produit ? Mathématiquement, on nous a toujours démontré le contraire ; d'une manière plus visible, ce serait admettre qu'un individu ayant perdu un bras, il est nécessaire de lui couper l'autre sous le prétexte de rétablir l'équilibre dans sa personne.

Notre conclusion est donc encore une fois que le remède n'est pas dans ce système.

Pour nous, nous ne voyons qu'un moyen logique pour

tenir également l'intérêt de la prévoyance entre les travailleurs à tous les degrés de la hiérarchie sociale, comme nous n'en voyons qu'un pour ne pas gaspiller inutilement la contribution qui sera établie par les compensations à fournir dans les accidents professionnels, c'est de rattacher les conséquences de ces accidents à la mutualité générale en créant comme il convient, et comme nous le montrerons plus loin, une ressource spéciale en raison des risques professionnels.

La Retraite pour la Vieillesse

Il existe en France une Caisse nationale de retraites pour la vieillesse.

C'est assez dire le cas que les gouvernants ont toujours fait d'essayer d'apporter une aide efficace à ceux des travailleurs qui ont eu *le désir et les moyens* d'épargner pour leurs vieux jours.

Le gouvernement de la République, suivant en cela la tradition, a contribué pour une large part au développement de cette institution par le soin qu'il a pris pour mettre les caisses à la portée de tous et aussi en accordant des subventions pour augmenter, autant que faire se peut, la valeur des pensions.

De son côté, l'initiative privée n'est pas restée inactive ; principalement dans les mutualités, les efforts ont été considérables, surtout depuis quelques années, pour développer ces utiles institutions, tant est grand le besoin que chacun ressent d'épargner dans ce but.

Le principe qui régit le fonctionnement des Caisses de retraites est le même partout ; on opère des versements individuels ou collectifs pour constituer les fonds de réserve destinés, par une capitalisation entendue, à établir la valeur du revenu qui servira au service des rentes ou des pensions.

Ainsi que l'on peut s'en rendre compte, ce système ne répond pas très bien à un service de mutualité ; portant son effet sur l'avenir, il laisse le présent de côté ; en sorte que, jusqu'à l'accumulation complète des capitaux nécessaires, les générations présentes n'ont absolument rien à prétendre. Cependant, il nous semblerait assez naturel que ces générations, qui ont contribué à l'obtention des résultats acquis, trouvent elles-mêmes sans trop tarder à bénéficier des dispositions que l'on peut prendre en faveur de la vieillesse.

Donc, pendant la période de préparation des épargnes à la constitution des fonds de réserve (au moins 35 ans), cette prévision ne profite à personne des intéressés directs, et lorsque le résultat est tangible, c'est par un bien petit revenu qu'il profite aux bénéficiaires. Dès lors, nous pouvons déjà dire que le système actuel ne peut rendre que des services absolument restreints et que, pour le moment, il ne s'applique pas d'une manière suffisante à l'intérêt général des travailleurs.

Voilà pour le principe. (1)

Si nous examinons maintenant le résultat au point de vue économique, nous voyons que, pour établir une somme capable d'un revenu assez considérable pour donner satisfaction à tous les travailleurs arrivés à l'âge du repos, il se produit deux faits que nous devons retenir.

D'abord celui de retirer de la circulation une valeur énorme de capitaux, au grand détriment de la consommation et par suite à celui de la production.

Puis de placer ces mêmes valeurs en réserve au détriment des porteurs de rente, c'est-à-dire causant la baisse du revenu, ce qui amène comme plus haut une diminution de la consommation et une diminution égale de la production.

Ces conséquences de la diminution dans la production sont absolument graves, fatalement elles pèsent sur le

(1) Il est bien évident que nous n'entendons pas rejeter le système de la Caisse des retraites, nous ne voyons ici que son application à la prévoyance par les travailleurs ne touchant que des salaires mensuels limités à 300 fr.

travailleur pour la partie des salaires que l'immobilisation des capitaux peut représenter.

Pour assurer l'avenir du travailleur, ne l'exposons pas, nous ne dirons pas à le faire mourir de faim, mais tout au moins à l'anémier dans le présent.

Nous pensons, au contraire, de ce qui se pratique, que l'extension des principes de mutualité et de solidarité à l'organisation des retraites ouvrières pourrait donner toute satisfaction.

En mutualité, les uns cotisent pour les besoins des autres, cela non pas pour les besoins à venir, mais pour les besoins dans le présent ; la solidarité est telle, que l'on n'a jamais été choqué, dans aucune des Sociétés de secours mutuels, par un emploi déterminé du jour au lendemain des cotisations des sociétaires.

C'est ainsi que, dans les cas de maladie, on paie, dans ces Sociétés, médecins, pharmaciens, indemnités pécuniaires journalières, sans autre formalité que l'avis préalable des membres participants. Cette action parait naturelle à tout le monde, ne suscite et n'a jamais suscité aucune difficulté d'application.

Or, que les ressources des mutualités servent à des cas d'empêchement au travail comme la maladie, à fournir des indemnités aux victimes comme dans les accidents professionnels, ou à solder des *indemnités* de retraite pour la vieillesse, n'a-t-on pas à combattre des besoins identiques ? Alors, pourquoi y aurait-il inconvénient à appliquer aux pensions pour la vieillesse la même manière de faire que pour les journées de maladie, par exemple ?

Pour nous, la similitude des besoins étant exactement la même, il ne nous semble pas téméraire de conclure à des moyens identiques pour établir la répartition des pensions de retraites pour la vieillesse, et pour préciser, nous préconiserons l'emploi des ressources des travailleurs valides au profit des travailleurs invalides, en un mot, nous mutualiserons les fonds pour les retraites comme ils sont déjà mutualisés pour les autres causes d'empêchement au travail.

Nous verrons alors ce qui suit. C'est que la répartition des pensions pourra se faire immédiatement et que les invalides du travail se trouveront de ce fait, et sans plus tarder, à la tête d'une retraite proportionnée aux ressources du moment.

Que n'ayant plus à réaliser des réserves de capitaux énormes, ceux-ci resteront dans la circulation au grand profit de la consommation.

Que les capitaux d'épargne engagés dans les affaires publiques n'ayant plus cette concurrence raffermiront leur cours ; le rentier, ayant plus de ressources à sa disposition, pourra en faire bénéficier la consommation.

La consommation, ayant des besoins plus grands, la production augmentera dans les mêmes proportions.

Il y a donc là une connexité d'effets dont la cause est compréhensible et devient d'intérêt général ; il nous semble donc qu'il n'y a pas à hésiter à sacrifier pour ces cas de mutualités ce que nous appellerions volontiers le préjugé de la pension par accumulation de capitaux.

Nous retiendrons par conséquent cette conclusion de la mutualisation d'une manière générale de tous les fonds destinés à la prévoyance contre les cas de maladies, accidents professionnels, retraite pour la vieillesse, afin d'y puiser plus tard le principe de notre organisation.

Ce que coûte aux Travailleurs l'organisation actuelle

D'après la division par spécialité pour répondre aux divers besoins de prévoyance, il a fallu créer pour chaque nature de besoins des ressources spéciales en raison du but qu'il s'agissait d'atteindre, ce qui fait qu'un ouvrier qui désire actuellement se protéger contre les causes d'empêchement au travail doit payer à chaque Société où il se fait inscrire des primes que nous indiquons ci-après, suivant les statistiques et les règlements.

D'après la statistique, la valeur annuelle des cotisations dans les Sociétés de secours mutuels ressort en moyenne par membre participant à environ 15 francs, ci .... 15f »»

Dans les Sociétés de prévoyance contre les accidents, la moyenne correspond à huit centimes par 10 heures de travail (1), soit 2 fr. 40 par mois et, pour une année, 28 fr. 80, ci 28 80

Il convient d'ajouter à ces chiffres celui représentant le versement des membres honoraires des Sociétés de secours mutuels, ramené à l'unité des membres participants, soit environ 2 10

Ce qui porte le total à 45f 90

Soit, en nombre rond, 46 fr. qui se trouvent versés pour la plus grande partie par les travailleurs eux-mêmes.

(1) Dans ces huit centimes :
3 sont généralement payés par le patron ;
5 — — par l'ouvrier.

Malgré l'importance de cette somme qui est, nous le verrons plus loin, à peu près suffisante pour doter tous les services de la prévoyance, on a vu que le travailleur est loin de retirer de l'organisation actuelle tous les services qu'il serait en droit d'attendre. Le seul qui soit assuré, celui sur lequel il peut compter, lui vient de l'organisation en mutualité, c'est-à-dire qu'avec une somme qui suffirait presque à établir tous les chapitres de la prévoyance pour les cas d'empêchement au travail, un seul, la maladie, est à peu près assuré ; la retraite est insignifiante ; les risques professionnels ne sont pas couverts.

Cette remarque prouve surabondamment l'excellence du principe de mutualisation dans l'application à la prévoyance, et nous convainc de plus en plus de la nécessité de mutualiser tous les efforts qui pourront être faits en faveur de la prévoyance pour les ouvriers.

Elle fait ressortir également ce que peut devenir une affaire où il manque la cohésion, où il n'y a pas d'unité d'action ; la division des efforts, dans le cas qui nous occupe, ôte tout l'effet que l'on pourrait atteindre en faveur du travailleur ; si le mot n'était pas si gros, nous dirions qu'il y a gaspillage des forces de la prévoyance, tant le résultat d'ensemble laisse à désirer.

Notre conclusion est donc encore ici de réunir dans un même faisceau toutes les organisations de prévoyance, de manière à ce que, solidarisées dans l'effort, elles le soient aussi pour les résultats.

DEUXIÈME PARTIE

Étude des moyens à employer pour établir la contribution de la prévoyance

Quels doivent être les Contribuables de la Prévoyance?

Pour arriver à la solution de cette question, il nous faut suivre, pour être logique, les conditions de l'existence des individus.

Nous nous trouvons alors en présence de deux causes principales qui peuvent avoir une influence directe sur les conditions de l'existence et sur sa durée.

La première, commune à tous les êtres, à toutes les individualités, à laquelle tous sont soumis en dehors de leur propre volonté, est due à un travail naturel qui a chez tous, pour corollaire direct, la valeur de la santé. Il est donc un état ordinaire où chacun est soumis à la valeur héréditaire qui lui est échue, où chacun doit faire pour lui-même, acceptant pour ainsi dire la moins-value de sa valeur constitutive dans l'existence qui lui est propre et pour laquelle il doit être son pourvoyeur contre les besoins à venir.

La seconde, au contraire, a pour point de départ les influences voulues et nécessaires qui tendent à apporter, par suite des besoins engendrés par le travail naturel, une modification quelconque à cette première condition. Nous compterons dans ces influences, par exemple, la mise en action de la force vive des individus pour leur application à un but déterminé, ce qui constitue ce que l'on est convenu d'appeler le travail.

Nous retiendrons, par conséquent, deux sortes d'effets correspondant eux-mêmes à deux causes que nous qualifierons l'une le travail naturel, indépendant de notre volonté, ayant pour facteur la valeur de la constitution individuelle ; l'autre le travail facultatif dont nous disposons suivant notre volonté, suivant nos besoins ou nos préférences, exigeant par suite des moyens de récupération pour compenser les pertes dues au travail complémentaire qu'il faut exécuter.

Alors, nous dirons :

La valeur de la constitution individuelle étant naturelle, toutes les fois que les suites des influences du travail seront également naturelles, chacun doit concourir à la responsabilité de ce qui lui survient ; mais si les influences du travail sont changées, que des causes perturbatrices viennent apporter des modifications aux conditions naturelles, il doit exister une compensation égale à la valeur de la modification ou de la perte subie.

Si nous nous reportons maintenant aux conditions mêmes de ce qui se passe dans le travail, nous pouvons espérer une solution satisfaisante.

En effet, si on veut bien admettre que le travail représente une action de forces naturelles, appliquée à un but déterminé, nous voyons immédiatement que la partie de l'action représentant l'effort d'un individu est celle qui doit exister pour obtenir un produit, quelle que soit d'ailleurs la nature de ce produit.

D'autre part, l'obtention du produit ne pouvant exister qu'autant que l'application des efforts ou des forces se fait dans certaines conditions, il y a lieu d'examiner ces conditions, d'en tenir compte, de voir à quel degré elles sont favorables ou défavorables à celles naturelles de l'existence des individus, si enfin elles sont ou non destructives pour ceux qui coopèrent à leur application, et, alors, les effets tenant des causes déterminantes, nous dirons qu'il doit être tenu compte, à l'évaluation de la valeur du produit obtenu, de la valeur due aux effets destructifs et pour lesquels il a fallu établir une compensation.

On comprend, maintenant, que la valeur de la compensation qu'il a fallu établir proportionnellement à la valeur des forces concourantes venant affecter la valeur du produit du travail, la raison vienne indiquer la restitution proportionnelle de cette compensation ainsi prélevée au profit de celui qui a subi le dommage.

On voit de plus, par ce raisonnement, que le rôle de l'employeur obtenteur du produit devient celui d'un intermédiaire entre la partie qui a subi ou souffert le dommage et le consommateur qui a contribué à la réalisation de ce même produit ; nous arrivons alors à ceci, c'est que, dépositaire de la valeur de la compensation, il devient équitable d'indiquer que l'employeur doit en faire lui-même la répartition au profit de qui de droit.

D'où nous pouvons dire : qu'aux circonstances défectueuses du travail, il faut fournir une récompense ou indemnité en proportion avec la gravité des conséquences ; que la valeur d'obtention du produit étant le seul moyen d'obtenir les compensations nécessaires aux réparations, c'est au détenteur de ce produit à administrer pour l'effet voulu et à fournir la récompense.

On voit maintenant de tout ce qui précède que la raison nous amène tout naturellement à considérer la prévoyance *comme étant à la charge exclusive des travailleurs à tous les degrés de la hiérarchie sociale,* savoir :

Le travailleur pour les cas de maladies dues aux causes ordinaires de l'existence.

L'employeur pour les cas capables de modifier dans n'importe quelles proportions les conditions ordinaires de l'existence des travailleurs, c'est-à-dire pour les causes accidentelles dans le travail et l'usure des forces mises en œuvre pour obtenir le produit.

Nous concluons donc pour cette partie *que les ressources de la prévoyance doivent être dues à la coopération effective des ouvriers comme des patrons, les premiers au profit de la prévoyance pour l'unité individuelle, les seconds par l'intermédiaire de l'unité individuelle au profit de la prévoyance générale.*

Sur quelles données doit-on établir la contribution de la Prévoyance?

Pour fournir la solution de cette question, nous devons exposer quelques-uns de nos principes en économie industrielle et faire application de ces principes à l'étude de notre projet.

I. — Nous admettons que la résultante des efforts individuels appliqués dans le travail tend à l'obtention d'un effet ou résultat voulu pour répondre à un ou à des besoins déterminés.

L'ensemble des résultats obtenus est généralement désigné sous le nom de « produit du travail. »

II. — La valeur prise par ce produit est de deux sortes :

1° Celle que nous désignerons sous le nom de valeur d'obtention ;

2° Celle due à l'échange.

III. — La valeur d'obtention est celle qui est fournie au fur et à mesure de la conversion du travail en produit, en raison des compensations à fournir en échange des efforts auxquels il faut avoir recours, jusqu'à ce que le produit soit complètement obtenu, c'est-à-dire en état de répondre aux besoins prévus.

IV. — La valeur des efforts est en raison de la valeur individuelle du travailleur et de la constance dans l'application des efforts dans le travail ; elle a pour évaluation celles des compensations généralement désignées sous noms de salaires, traitements, etc., etc.

V. — Les salaires, les traitements, etc., sont, par conséquent, l'évaluation de la valeur individuelle ; cette évaluation est, par suite, la limite naturelle dans lesquels doivent se renfermer les individus pour les besoins de leur existence.

VI. — Les besoins pour l'existence se divisent en deux classes ;

Les uns, qui doivent répondre à ceux les plus immédiats, sont : le logement, la nourriture, l'habillement, etc., etc.

Les autres, de prévoyance et d'avenir, doivent fournir une provision pour les cas d'empêchement au travail, comme les maladies, les accidents, la vieillesse.

VII. — Il s'ensuit logiquement que les salaires doivent comprendre en valeurs suffisantes :

1° Une rémunération en raison de la valeur individuelle de ce que peuvent être évalués sur place les logements, les éléments de nourriture, ceux d'habillement, etc. ;

2° Une rémunération complémentaire proportionnée à la valeur individuelle, par suite à la valeur des salaires, pour la prévoyance et les besoins à venir.

VIII. — D'où un produit quelconque pour lequel il a été fourni les salaires nécessaires à son complet achèvement présente dans sa valeur d'obtention l'ensemble de ceux qu'il a fallu fournir en compensation du concours des valeurs individuelles qui ont été reconnues nécessaires dans le travail. Cette valeur comporte, par conséquent, les deux sortes de rémunération dont nous venons de parler.

IX. — Il ressort comme conclusion de ce qui précède que tout produit entièrement terminé ou non, pour lequel il sera payé aux ayants droit les deux formes indiquées pour les salaires, libère l'obtenteur vis-à-vis des fournisseurs des efforts, par conséquent vis-à-vis des valeurs individuelles qui ont concouru à l'obtention des produits du travail.

X. — Quel que soit le produit à obtenir, il représente toujours vis-à-vis des travailleurs, jusqu'à son complet achèvement, une valeur positive.

XI. — Cette valeur positive peut être modifiée par la suite lorsque l'effet n'est pas atteint ou que le produit devient objet d'échange.

Dans le premier cas, sa valeur devient négative ; dans le second, *cette valeur peut varier à nouveau* suivant les effets de l'offre et de la demande, suivant que les produits répondent ou non à des besoins plus ou moins immédiats ; dans ces conditions, la valeur d'obtention peut subir alors des fluctuations sur celle primitive ; prendre, par conséquent, des valeurs positives ou négatives nouvelles en comparaison de la valeur première d'obtention.

XII. — Quel que soit le résultat final obtenu pour la valeur du produit, et quelles que puissent être les fluctuations de la valeur d'échange, ces nouveaux résultats ne peuvent en rien influencer la valeur primitivement payée aux travailleurs dans les deux cas précités ; *les risques positifs ou négatifs susceptibles de modifier la valeur première d'obtention sont à la charge de celui dont l'imagination, en demandant un produit, a su ou n'a pas su en apprécier à l'avance les résultats pratiques.*

La conclusion est donc :

Que la valeur individuelle dans le travail doit être rémunérée au fur et à mesure de l'état d'avancement du produit à obtenir où, comme cela se fait généralement, dans des conditions déterminées à l'avance.

Que cette valeur individuelle ayant son évaluation dans les salaires, traitements, etc., payés en échange des efforts et de la constance de ces efforts dans le travail, le salaire doit comporter proportionnellement à la valeur individuelle :

Une valeur pour les besoins journaliers ;

Une valeur pour la prévoyance et les besoins à venir.

D'où nous pouvons dire que la prévoyance, fonction de la valeur des salaires, doit avoir son évaluation en raison de ceux payés suivant la valeur individuelle, et qu'en contribution comme en récompense, elle doit rester proportionnelle à cette valeur.

Base d'établissement de la Contribution

Ces points indiqués, nous avons à voir sur quels chiffres des salaires il convient d'opérer.

Pour cela, nous allons nous reporter à ce que nous disions dans notre étude préliminaire, *c'est qu'il est des cas où la valeur individuelle est si peu élevée en raison du travail auquel elle est appliquée, que le salaire qui en est la conséquence ne pourrait pas fournir, d'une manière utile pour une individualité, la valeur suffisante pour des compensations complémentaires.*

La collectivité permet, dans cette condition, en mutualisant toutes les petites ressources, de présenter un effet utile et indiscutable au profit de chacun ; cette manière d'opérer constitue ainsi un minimum d'action qui doit correspondre à un maximum d'effet.

Le minimum d'action peut être représenté par une valeur moyenne des salaires variant de 100 à 150 francs ; nous considérons que le maximum d'effets à obtenir peut s'arrêter au maximum des salaires qui constitue la moyenne, soit 250 à 300 francs.

Nous admettrons donc la valeur de la contribution en prévoyance jusque et y compris 300 francs de salaires mensuels. Au-dessus de 300 francs de salaires, la contribution sera perçue seulement sur cette valeur de 300 francs comme étant le maximum des salaires mensuels admis aux calculs de la prévoyance par mutualité.

Nous admettrons enfin que la contribution de prévoyance sera supportée :

1° Par le travailleur pour les cas de maladie dûs à des causes naturelles ;

2° Par l'employeur pour la part correspondant à la prévoyance entrant dans l'établissement du prix du produit du travail.

Telles sont les conclusions qui nous serviront à établir les bases de notre contribution générale de prévoyance.

Nota. — Dans les emplois où il est d'usage de nourrir les travailleurs, nous serions d'avis de faire l'évaluation du salaire correspondant comme suit :

Pour nourriture et logement..	homme...	100 fr.
	femme...	80 —
Nourriture sans logement.....	homme...	80 —
	femme...	60 —

De l'Obligation

Ce que nous venons de montrer pour établir la contribution des ressources de la prévoyance entraîne naturellement la coopération de l'ouvrier et du patron.

Comme il s'agit d'une plus-value au compte de main-d'œuvre dans les prix de revient du produit, il faut que la mesure qui en sera la conséquence soit généralisée d'office, cela parce qu'il faut que tout le monde soit mis sur le même pied, et qu'à tous les degrés de la hiérarchie sociale, les droits en contribution comme en récompense soient établis de la même manière, uniforme et légale pour tous.

Conséquemment, il faut que toutes les maisons, chantiers, usines, exploitations, petites et grandes sans aucune exception, soient réunis dans le même faisceau et soumis aux mêmes règlements.

Il faut généraliser l'œuvre, la nationaliser de manière à ce que les tarifs des prix de salaires ne puissent se trouver modifiés en raison de la contribution pour la prévoyance ; que partout, pour mieux dire, les conditions de l'offre et de la demande dans toutes les professions puissent s'établir sur les mêmes prévisions.

Il faut enfin qu'un ouvrier, partout où il se trouvera, partout où il travaillera, soit toujours dans une seule et même condition de prévoyance.

Pour cela, nous ne voyons qu'un moyen qui puisse donner satisfaction, c'est de recourir au principe de l'obligation et de solidariser les intérêts communs à la

Prévoyance, en obligeant les uns par les autres, les patrons par les ouvriers, à la contribution nécessaire à cet objet, et en présentant dans la gérance de l'administration des fonds recueillis une seule et même manière de faire pour les maladies, les accidents professionnels, l'invalidité, les retraites pour la vieillesse.

Du rôle de l'État dans la Prévoyance

Nous venons de définir le rôle de chacun dans la prévoyance. Ainsi que l'on a pu s'en convaincre, *la part de l'État n'est jamais intervenue, parceque cette intervention n'avait aucunement sa raison d'être.*

En faisant supporter à la valeur du produit la charge de la prévoyance, c'est la loi naturelle, la seule équitable. De même que l'on ne s'adresse pas à l'État pour amortir les usines, les exploitations, opérations qui sont du fait du prix de revient des produits, de même il convient de ne pas s'adresser à lui pour la dépréciation qui résulte de l'application des forces à l'obtention de ces produits.

Il n'y a qu'une seule condition qui puisse amener la contribution de l'État, *c'est lorsque lui-même devient employeur*, mais alors il arrive comme tous les autres intéressés parce qu'en même temps il devient producteur : *dans ces conditions, il doit suivre la loi commune.*

Mais si nous reconnaissons que l'État n'a pas à intervenir dans la contribution de la prévoyance, il n'en est plus de même quant à son organisation.

Un gouvernement, pour administrer en connaissance de cause, doit être au fait de tout ce qui peut influencer la marche des affaires ou la prospérité du pays.

De toutes les causes propres à le renseigner, la connaissance de la main-d'œuvre appliquée à la production aura pour les gouvernants une réelle importance ; les fluctuations de la valeur de la prévoyance, donnant par comparaison celle payée pour cette cause, pourront constituer une appréciation sérieuse de ces fluctuations et permettre, en recherchant la cause, d'y appliquer le remède.

A ce point de vue, nous accepterons le contrôle et la surveillance de l'État pour les opérations générales de la prévoyance, comme nous réclamerons sa garantie pour la création de la caisse de mutuelle compensation entre toutes les Sociétés de secours mutuels.

Mais là, suivant nous, doit s'arrêter l'intervention de l'État.

Donc, contrôle et surveillance pour la garantie des opérations, c'est tout ce que nous pouvons demander à l'intervention des gouvernants.

Valeur des ressources à trouver pour la Prévoyance générale

Si nous nous reportons aux résultats confirmés par l'expérience pour arrêter le chiffre nécessaire à l'établissement de la prévoyance générale des cas particuliers qui nous occupent, nous trouverons :

Que dans les Sociétés de secours mutuels où on s'occupe spécialement des frais de maladie et accessoirement de la constitution d'un fonds de réserve pour des retraites, la cotisation annuelle par membre participant est d'environ.......................... 15f »

Que dans les Sociétés où on épargne spécialement pour la retraite, sans tenir compte des frais de maladie, la cotisation annuelle par membre participant est encore d'environ............. 15 »

Que le chiffre moyen, calculé sur les prélèvements des Compagnies d'assurances sur les accidents, déduction faite des frais d'administration, de gestion, courtage, réserve, laisse au profit de la Caisse des accidents à peu près............... 15 »

Qu'il convient, pour être exact, d'ajouter à ces chiffres la valeur des cotisations facultatives des membres honoraires qui, rapportée à l'unité des membres participants, représente une valeur annuelle de.................................... 2 10

Nous arrivons ainsi à une valeur de........... 47f10

qui doit représenter le chiffre total des ressources à

trouver par année et par membre participant, admettons en chiffre rond 48 francs, dont le 1/12 représente la valeur mensuelle de 4 francs.

Il est de toute évidence que ce chiffre, en raison de l'énorme extension due à la généralisation de la prévoyance, laissera sur chaque chapitre une marge suffisante pour assurer les services.

Nous pouvons donc considérer ce chiffre mensuel de 4 francs comme devant être fourni par la moyenne des salaires d'une part et la moyenne de classement des établissements dans les risques professionnels d'une autre part.

Si maintenant nous examinons les sommes prévues pour constituer l'ensemble des ressources de la prévoyance, nous pouvons voir que celle concernant spécialement le travailleur est celle prévue pour les maladies. Cette somme représente environ le 1/3 de l'ensemble.

Les deux autres prévisions répondent spécialement à la dépréciation dans le travail, le total de ces sommes doit donc être à la charge des produits du travail, c'est-à-dire à la charge de l'obtenteur de ce produit.

Notre conclusion est donc que la contribution de prévoyance doit incomber pour **1/3** *à la charge de l'ouvrier et les* **2/3** *à la charge de celui qui l'occupe.*

Recherche de la quotité à faire fournir par les salaires

Pour arriver aux indications précédentes, nous avons à établir nos calculs sur la moyenne des salaires.

Les décomptes en main-d'œuvre se faisant habituellement tous les mois, nous adopterons, pour tout ce qui va suivre, *l'unité de notre calcul rapportée au salaire mensuel.* (1)

Il serait difficile d'établir une moyenne absolument précise, car cette moyenne varie comme les salaires d'après les professions ; en tablant sur les professions les moins avantagées, on peut fixer celle-ci à environ 135 francs par mois, correspondant à une valeur mensuelle maximum approximative de 200 à 300 francs.

Ce chiffre de 135 francs devient ainsi la base de la répartition qui doit nous fournir la somme mensuelle de 4 francs qui nous est nécessaire, ce qui nous représente environ 3 0/0 de la valeur du salaire. (2)

D'autre part, nous avons établi que cette somme devait être fournie pour une partie par l'ouvrier et pour deux parties par son employeur.

(1) Le règlement par salaire mensuel n'empêche pas la paie par quinzaine ; cette dernière se porte en à-compte ; le règlement définitif a lieu à des dates déterminées.

(2) Pour les salaires des journaliers, nous proposerons une subdivision de l'unité type de prévoyance qui sera adoptée pour les salaires mensuels.

Étant donnés les chiffres à peu près égaux reconnus suffisant pour constituer un ensemble complet des ressources à créer, notre conclusion serait de faire supporter proportionnellement à la valeur des salaires :

1° *A la charge de l'ouvrier :*

Une contribution de 1 0/0 parceque cette contribution se rapporte à des frais de maladies ou de besoins qui lui sont propres ;

2° *A la charge de l'employeur :*

Une contribution de 1 0/0 également sur la valeur des salaires comme conséquence de la dépréciation subie par l'ouvrier dans le travail jusqu'à son admission à la retraite ;

3° Enfin à la charge de l'employeur :

Une deuxième contribution de 1 0/0, mais celle-ci basée, non plus sur le salaire, mais à répartir suivant une valeur de même nature que la cause qui l'a fait naître, c'est-à-dire que la valeur proportionnelle sera ici en raison des risques plus ou moins grands présentés par les établissements où sont employé les ouvriers.

Comment évaluer cette nouvelle valeur ?

C'est ce que nous allons essayer de présenter dans le chapitre suivant.

Recherche de la valeur du risque professionnel

Pour obtenir une valeur approchée dans l'application qui nous est nécessaire, nous pouvons déjà voir que la moyenne des salaires mensuels étant de 135 francs, le 1 0/0 correspondant doit donner au moins 1 fr. 35, par conséquent la moyenne des risques doit au moins fournir 1 fr. 35.

Or, si nous établissons *au minimum* trois catégories de risques et si nous évaluons la valeur d'une catégorie à 1 franc et l'écart entre chacune d'elles également à 1 franc :

La première catégorie sera cotée.......	1 fr.
La deuxième...........................	2 —
La troisième..........................	3 —

La moyenne, dans ces conditions, ressortant à 2 francs, nous obtenons ainsi un chiffre suffisant pour retrouver dans sa transformation la valeur de 1 0/0 qui était prévue.

Par conséquent, la contribution de la prévoyance générale se trouvera établie comme suit :

Par les salaires, à raison de 1 0/0 pour la part de l'ouvrier et de 1 0/0 pour la part de l'employeur ;

Par les risques professionnels, à raison de 1 franc par chaque catégorie d'établissement avec 1 franc d'écart par catégorie en mettant autant de catégories qu'il sera jugé nécessaire à la classification.

D'après nos recherches sur ce que pratiquent les Compagnies spéciales d'assurances contre les accidents professionnels, il y aurait lieu d'établir six catégories de risques, se décomposant pour 100 établissements :

18 hors catégorie (sans risques) ;
42 à classer en première catégorie ;
21 en deuxième catégorie ;
11 en troisième catégorie ;
4 en quatrième catégorie ;
4 en cinquième catégorie.

En tenant compte du nombre des professions dans chaque catégorie, la moyenne du produit serait plutôt supérieure à 2 francs.

Établissement de la valeur pratique d'évaluation de la Contribution

Le principe de la constitution de la contribution étant établi, il faut fournir le moyen de rendre pratique son évaluation, c'est-à-dire simplifier cette évaluation, de manière à ce qu'elle puisse se faire rapidement et sans calculs.

Nous obtenons ce résultat en prenant comme base le 1 0/0 sur les valeurs multiples de 50 francs de salaire, c'est-à-dire que pour 1 0/0 on prélèverait :

Pour 50 francs et au-dessous........ 0f50
— 50 à 100 francs................ 1 »»
— 100 à 150 — 1 50

et ainsi de suite.

En sorte que la contribution à appliquer sur les salaires ressortira *pour la coopération par parties égales des ouvriers et des employeurs :*

Pour 50 francs et au-dessous à....... 1f »»
— 50 à 100 francs à............... 2 »»
— 100 à 150 — à............... 3 »»

etc., etc.

Si nous ajoutons maintenant les contributions de catégories des établissements, nous obtiendrons :

1re catégorie (+ 1 franc).

Pour 50 francs et au-dessous.. 1f + 1f = 2f
— 50 à 100 francs.......... 2 + 1 = 3
— 100 à 150 — .... 3 + 1 = 4

et ainsi de suite, en ajoutant l'unité à la somme fournie

par les salaires, quelle que soit d'ailleurs l'importance de cette dernière.

Pour la 2e catégorie des établissements (+ 2 francs).

Pour	50 francs et au-dessous..	1f + 2f = 3f
—	50 à 100 francs	2 + 2 = 4
—	100 à 150 —	3 + 2 = 5

et ainsi de suite.

Nous trouverons de même les chiffres d'une troisième catégorie, en ajoutant l'écart de 3 francs à la contribution indiquée par les salaires.

Telles sont les bases simples sur lesquelles repose notre contribution.

On comprendra que la plus-value à faire fournir pour la partie des risques ne l'ait pas été en raison de la valeur des salaires. La prime fixe pour couvrir les risques est la représentation matérielle d'un effet dont la cause reste absolument en dehors de la valeur individuelle du travailleur. Cette cause même étant invariable parcequ'elle est inhérente au genre de travail qui se fait dans un établissement, la valeur qui représente la compensation à fournir doit également rester invariable dans chaque catégorie d'établissement. D'ailleurs, le travailleur a malgré cela un profit indirect, car généralement les professions dangereuses ne trouvent leurs travailleurs que moyennant un salaire beaucoup plus élevé ; ce prix élevé constitue donc au profit du bénéficiaire un droit d'autant plus élevé à la compensation s'il survient un risque.

Des conclusions qui précèdent, nous avons dressé le tableau de la valeur de la contribution mensuelle de prévoyance d'après les salaires à payer dans les établissements et d'après le classement de ces établissements dans la catégorie des risques :

	50 f et au-dessous	50 f à 100 f	100 f à 150 f	150 f à 200 f	200 f à 250 f	250 f à 300 f
Établissements sans risques par partie égale par l'ouvrier et par le patron. .	1	2	3	4	5	6
Établissements en 1re catégorie.	2	3	4	5	6	7
Établissements en 2e catégorie	3	4	5	6	7	8
Établissements en 3e catégorie	4	5	6	7	8	9
Établissements en 4e catégorie	5	6	7	8	9	10
Établissements en 5e catégorie	6	7	8	9	10	11

Si nous établissons maintenant, d'après ce tableau et d'après la valeur moyenne des salaires, la valeur de la contribution mensuelle qui va incomber à chacun des deux contribuables, en remarquant comme précédemment que cette moyenne mensuelle, prévue à 135 francs, est comprise entre 100 et 150, la valeur de la contribution que fournit chaque catégorie dans le tableau ci-dessus est de :

Dans les établissements sans risques :

3 francs, dont 1 fr. 50 pour l'ouvrier et 1 fr. 50 pour l'employeur ;

Dans les établissements en 1re catégorie :

4 francs, dont 1 fr. 50 pour l'ouvrier et 2 fr. 50 pour l'employeur ;

Dans les établissements en 2e catégorie :

5 francs, dont 1 fr. 50 pour l'ouvrier et 3 fr. 50 pour l'employeur ;

Dans les établissements en 3e catégorie :

6 francs, dont 1 fr. 50 pour l'ouvrier et 4 fr. 50 pour l'employeur ;

Etc., etc.

Et annuellement les résultats présenteront les chiffres suivants :

	Sommes totales des participants	Contribution de l'ouvrier	Contribution de l'employeur
Établissements sans risques....	36	18	18
Établissements en 1re catégorie..	48	18	30
Établissements en 2e catégorie..	60	18	42
Établissements en 3e catégorie..	72	18	54
Établissements en 4e catégorie..	84	18	66
Établissements en 5e catégorie..	96	18	78

On peut se rendre compte que la valeur annuelle trouvée pour le salaire moyen suffit dès la première catégorie pour compenser les besoins que nous avons précédemment indiqués ; nous pouvons donc conclure à la juste appréciation de notre valeur pour la contribution de la prévoyance générale.

Nous venons de nous occuper exclusivement du règlement de la contribution de prévoyance pour les périodes mensuelles, ou pour des salaires habituellement payés dans ces conditions.

Pour les salaires à la journée, nous proposerons la création d'une subdivision de la contribution de prévoyance mensuelle. Cette valeur serait représentée par un jeton d'une évaluation conventionnelle de 0 fr. 10.

Cette valeur serait due par journée ou fraction de journée en plus du salaire déterminée; son acquit ne pourrait être valable que par la présentation du jeton de prévoyance.

L'échange contre un timbre de prévoyance d'une des valeurs précédentes serait fait quand le bénéficiaire pourrait présenter en jetons la quantité égale à la valeur du timbre demandé.

RÉSUMÉ DE LA DEUXIÈME PARTIE

Afin de bien préciser nos diverses conclusions, nous allons les résumer ici dans l'ordre que nous venons d'établir pour l'étude préparatoire :

Nous voyons par ce résumé :

Que les contribuables de la prévoyance doivent être solidairement les ouvriers et les patrons.

Que les conditions dans le travail indiquent que la contribution doit être proportionnelle à la valeur individuelle et aux risques à courir dans le travail.

Que la valeur individuelle ayant son évaluation dans le salaire, c'est sur le salaire que doit être établie la valeur de la contribution de prévoyance.

Que le besoin de mutualiser dans la prévoyance s'entendant surtout pour son application aux petits salaires, les calculs à admettre peuvent s'arrêter sur des rétributions de salaires mensuels de 250 à 300 francs.

Que la base de la contribution étant établie sur la valeur des salaires, il y a lieu, pour conserver partout entre les travailleurs les conditions égales entre l'offre et la demande, de prononcer l'obligation pour l'ouvrier à l'épargne de prévoyance, l'obligation pour l'employeur résultant du principe de solidarité.

Que si l'État n'a à intervenir, financièrement parlant, que lorsque le rôle d'employeur lui incombe, il est nécessaire de réserver aux gouvernants la surveillance et le contrôle général des opérations.

Étant donné jusqu'à ce jour les ressources ordinairement affectées aux divers services de la prévoyance : 1° pour la maladie ; 2° pour les retraites de la vieillesse ; 3° pour les risques dans le travail, évalués ensemble à 48 francs par an, il y a lieu de faire fournir cette somme :

Par les salaires à raison de 2 0/0 par 50 francs ou multiples de 50 francs, dont 1 0/0 au compte des ouvriers et 1 0/0 au compte des patrons.

Par une prime à faire payer par les patrons au compte spécial de chaque établissement sur les risques professionnels à raison de 1 franc par catégorie de risque avec 1 franc d'écart par catégorie.

Que si l'on établit six catégories on arrête ainsi les cotisations mensuelles de prévoyance à 36, ayant chaque une valeur absolument déterminée et fixe.

Que la valeur estimative des travailleurs nourris et logés, ou simplement nourris, rapportée à une évaluation ou salaire, permet d'évaluer la valeur de la contribution mensuelle.

Que pour les travaux à journées isolées, la valeur d'un sous-multiple de la contribution de prévoyance doit être indiquée.

Telles sont les prévisions résumant le travail de cette seconde partie.

TROISIÈME PARTIE

RÉALISATION DE NOS INDICATIONS

Ce que doivent être les Prévisions

Conditions à respecter

Il ne suffit pas d'avoir démontré l'exactitude de nos prévisions dans l'appréciation de la valeur des contributions que nous avons indiquées comme nécessaires à la solution du problème social que nous nous sommes posés.

Bien plus délicate était, à notre avis, l'étude qui devait nous donner les moyens de faire percevoir et entrer en caisse les valeurs indiquées, car il fallait, en dehors du moyen de perception, que le système puisse répondre aux conditions particulières que nous allons énumérer et dont la lecture fera comprendre la valeur et l'importance :

I. — Tout d'abord, *ne rien enlever au système de liberté réciproque qui doit avant tout rester le régime absolu des rapports entre le travail et le capital, entre ouvriers et patrons.*

II. — *Que tout travailleur ayant concouru à l'obtention de son épargne ou de sa valeur de prévoyance en raison de sa valeur individuelle et des risques courus par lui dans le travail soit fixé sur cette valeur et sur celle du produit qu'il pourra légitimement en retirer.*

III. — *Tout en évitant toute espèce d'inquisition, et sans qu'il soit besoin de recourir à des déclarations personnelles, que la taxation soit exacte, le contrôle assuré et la recette facile à effectuer.*

IV. — *Afin de réduire au maximum les frais de gestion, rester dans les limites des dépenses actuellement accusées par les Sociétés de secours mutuels.*

A la vérité, ce problème, si complexe dans son exposé, et qui doit être si simple dans sa solution, nous a semblé tout d'abord un peu difficile à résoudre. Voici cependant à quoi nous nous sommes arrêtés :

Moyens de Perception

Nous avons pensé qu'il nous fallait établir des valeurs représentatives de convention répondant aux diverses valeurs du tableau que nous avons arrêté, et qui fixe les diverses valeurs de la contribution de prévoyance.

Pour les diverses applications et opérations, tant en recettes qu'en dépenses, auxquelles les valeurs de la contribution vont donner lieu, il nous a semblé que cette représentation, établie dans le genre des *timbres mobiles pour les valeurs commerciales*, pourrait répondre aux conditions stipulées ci-dessus.

Examinons dans cette hypothèse les propositions précitées :

I. — Pour satisfaire à la première de ces propositions, que faut-il pour que la liberté reste complète ? Il faut que les intéressés, ouvriers et patrons, soient entièrement libérés les uns vis-à-vis des autres, lorsque, après le travail fourni, le prix en a été entièrement soldé ; or, d'après nos prévisions, puisque le paiement du salaire doit entraîner avec lui la contribution de prévoyance solidaire de l'ouvrier et du patron, pour que le paiement soit complet, il suffira que l'ouvrier ait reçu comme complément du salaire qui lui est dû, non pas cette valeur, mais la valeur représentative de son assurance.

Or, ce complément représente pour l'ouvrier, non seulement sa part de versement, mais encore celle qui aura dû être acquittée préalablement par le patron et qui représente la valeur complète établie à son profit.

Cette valeur représentative de convention étant le timbre spécial de prévoyance, lorsque l'ouvrier aura touché et son salaire et son timbre, les parties seront quittes l'une vis-à-vis de l'autre et libres par conséquent d'agir au mieux de leurs intérêts.

Donc *le paiement de la prime, dans ces conditions, répond parfaitement au désir indiqué de laisser aux intéressés la liberté réciproque, c'est-à-dire la liberté entre le travail et le capital.*

II. — Pour que l'ouvrier soit fixé, tant sur les valeurs successives qui formeront sa part de propriété, sa part de richesse, que sur la valeur du produit qu'il pourra en tirer plus tard, les timbres qu'il aura touchés, collés sur un livret spécial de prévoyance, lui permettront, par les additions successives, de connaître le montant des versements dont il aura été le bénéficiaire.

Par conséquent, pour cette seconde partie, le timbre mobile de prévoyance répond encore à l'effet voulu.

III. — Pour la solution de cette troisième condition, il suffit de bien se pénétrer de la valeur des deux intérêts en présence :

D'une part, l'ouvrier qui participe obligatoirement à la prévoyance ;

D'autre part, le patron qui doit une part contributive *solidaire* de celle payée par son ouvrier.

Or, si notre timbre de prévoyance représente une valeur déterminée, que cette valeur soit indiquée :

1° Pour celle totale à recevoir ;

2° Ce qu'est dans cette valeur la part contributive de l'ouvrier.

On comprendra facilement que si la retenue de prévoyance est faite à un ouvrier sur son salaire pour sa quote-part, celui-ci ne manquera pas de réclamer le timbre auquel il aura droit en échange de cette retenue, et par suite entraînera forcément la contribution de son patron, puisque les deux valeurs sont solidaires dans le total, *total qui aura été acquitté au préalable par le patron.*

Donc, *les choses se passeront entre les deux seuls intéressés, ouvrier et patron, sans qu'il soit besoin d'aucune déclaration préalable, et le contrôle sera assuré du fait que l'un des deux demandera à l'autre l'exécution de l'obligation de la prévoyance.*

IV. — L'exécution de la quatrième condition découle, comme on peut le voir, des résultats acquis précédemment ; du moment, en effet, où il n'est besoin d'aucun intermédiaire spécial, ni pour l'établissement des taxes, ni pour le contrôle, ni comme nous le verrons plus loin pour les frais de perception, la simplicité de la combinaison n'entraînant rien, absolument rien qui puisse grever les meilleures conditions de gestion des conditions actuelles des Sociétés de secours mutuels, *nous sommes en droit de dire que ces frais de gestion seront au plus ceux de ces Sociétés à ce jour.*

Projet d'établissement du Timbre de Prévoyance

Ayant démontré l'économie d'application d'un timbre spécial, voyons comment nous allons l'établir.

Pour cela, nous allons nous reporter de nouveau à notre tableau des valeurs à payer suivant le montant des salaires.

En l'examinant, nous voyons que nous avons, en y comprenant toujours la catégorie simple, six catégories, et que pour répondre aux diverses valeurs des salaires, chacune de ces six catégories est divisée en six parties. C'est donc trente-six valeurs représentatives qu'il faut établir, soit trente-six timbres mobiles.

Pour procéder à l'établissement de ces timbres, nous indiquerons d'abord chacune des catégories *par une couleur différente*; puis, dans chaque catégorie, les timbres porteraient :

En tête, le montant du salaire auquel le timbre correspondrait.

Dans le corps : 1° le chiffre indiquant la valeur totale à percevoir; 2° le chiffre indiquant la part contributive de l'ouvrier.

En sorte que l'ouvrier, à l'aspect de son timbre, puisse connaître en même temps : *si la catégorie qui lui est fournie est bien celle à laquelle correspond l'établissement où il travaille; si la part contributive qui a pu lui être faite correspond bien à la valeur du salaire qui lui a été payé;* la part que le patron a pu payer pour lui ; toutes indications utiles à connaître, non seulement pour le principal intéressé, l'ouvrier, mais, comme nous le verrons dans la suite, pour toutes les opérations de mutualité qui vont devenir nécessaires.

Exemples d'application et d'emploi du Timbre mobile de Prévoyance

Afin de bien préciser notre méthode et mettre chacun à même de comprendre son fonctionnement et les résultats possibles, nous allons établir la marche d'un salaire moyen de 135 francs dans chacune des six catégories d'établissements.

Tout d'abord, remarquons que le chiffre de 135 francs venant dans les multiples de 50 francs entre 100 et 150 francs, c'est donc, *dans toutes les catégories, les timbres correspondant de 100 à 150 qui seront à contribution.*

L'opération se fait comme suit chez l'employeur, celui-ci *ayant acheté préalablement* ses timbres de prévoyance.

135 francs de salaire, moins la valeur de la contribution ouvrière avancée, soit 1 fr. 50, reste 133 fr. 50. L'ouvrier reçoit alors les 133 fr. 50 en espèces, plus un timbre de 3 francs s'il appartient à un établissement classé en catégorie simple, ou 133 fr. 50, plus un timbre de 4 francs si l'établissement auquel il appartient est classé en première catégorie, et ainsi de suite ainsi que l'indique le petit tableau suivant :

	Salaire		Retenue		Reste		Timbre		
Catégorie simple.	135f	—	1f 50	=	133f 50	+	3f	=	**136f 50**
1re catégorie.....	135	—	1 50	=	133 50	+	4	=	**137 50**
2e catégorie.....	135	—	1 50	=	133 50	+	5	=	**138 50**
3e catégorie.....	135	—	1 50	=	133 50	+	6	=	**139 50**
4e catégorie.....	135	—	1 50	=	133 50	+	7	=	**140 50**
5e catégorie.....	135	—	1 50	=	133 50	+	8	=	**141 50**

Par cet exemple, *on peut voir que, quel que soit le classement de l'établissement dans lequel travaille un ouvrier, sa contribution, proportionnelle à son salaire mensuel, est toujours la même pour une même somme de salaire, tandis que la contribution du patron, elle, croît avec la catégorie à laquelle appartient son établissement, au profit de l'ouvrier qu'il occupe,* c'est-à-dire au profit de celui qui subit directement dans son travail les conséquences du risque.

Ce calcul sur le salaire moyen permet de voir que, pour une année d'exercice, un ouvrier, suivant le classement de l'établissement dans lequel il peut exercer sa profession, peut avoir une inscription de prévoyance à son profit :

En catégorie simple de......	36 fr.
En 1re catégorie de...........	48 —
En 2e catégorie de...........	60 —
En 3e catégorie de...........	72 —
En 4e catégorie de...........	84 —
En 5e catégorie de...........	96 —

quand sa part contributive comme salaire moyen entrera seulement pour 18 francs.

On voit par ce qui précède que la création d'un timbre spécial offre une mobilisation facile de la contribution de prévoyance et donne la possibilité de satisfaire déjà aux conditions particulières que nous avons indiquées, mais en plus, et par unité de timbre en raison de sa valeur indiquée, *il permet la reconstitution et l'appréciation de la valeur individuelle de celui qui a contribué à l'obtenir,* condition indispensable, comme nous le verrons par la suite, pour les diverses répartitions auxquelles un intéressé pourra un jour prétendre.

Nota. — Les jetons de prévoyance dont il a été question plus haut serviront à l'acquisition des timbres pour les usages et besoins qui seront indiqués.

Moyens d'organisation

Pour organiser et obtenir un résultat satisfaisant, la première condition est d'être bien pénétré des besoins auxquels cette organisation doit répondre.

Nous avons énoncé une partie de ces besoins en signalant ce que nous pensions défectueux dans l'organisation actuelle de la prévoyance.

Nous nous sommes cependant servis, pour avoir la base de notre contribution, des éléments pratiqués jusqu'ici, ce qui nous a permis de déterminer la valeur de la contribution de prévoyance générale.

Il nous reste maintenant à préciser les besoins et leurs valeurs particulières et, suivant les indications, établir la manière d'opérer pour les recettes et les dépenses des mutualités.

Les Besoins

Deux causes principales ont une influence capitale sur les conditions d'existence des individus.

L'une est due aux besoins matériels.

L'autre, répondant à une valeur morale qui permet d'envisager avec la résistance suffisante les événements de nature à modifier les conditions de cette existence, constitue également une prévoyance à établir.

L'une et l'autre de ces causes agissent simultanément. Elles doivent se faire, à l'état normal, l'une à l'autre équilibre; elles permettent, dans cette condition, de constater une harmonie naturelle sous l'influence de laquelle chacun sait se trouver content.

Il n'en est plus de même si une de ces causes tend à se fausser ou à disparaître; l'équilibre n'a plus lieu, la condition de l'existence des individus se trouve influencée d'autant et en raison de la disproportion qui peut exister entre les causes premières que nous avons indiquées, il s'ensuit des différences qui peuvent sembler extraordinaires dans l'existence des individus pris isolément et comme conséquence des différences dans la manière d'être des uns vis-à-vis des autres.

Ceci prouve que nous ne devons donc pas seulement nous occuper des besoins matériels, mais que la prévoyance doit aussi étendre son action au développement des qualités morales du travailleur.

Pour cela, il faut à ce travailleur un rôle actif dans la Société, il faut le mettre à même d'employer au bien général ses facultés intellectuelles, développer son initiative, faire appel à ses sentiments de justice et d'équité pour l'appréciation des intérêts qui sont les siens en même temps que ceux de la Société dont il fait partie.

Pour obtenir ces résultats, la première condition, comme nous l'avons déjà dit, c'est de conserver au travailleur tous ses droits d'homme libre, pour que, dans toute circonstance, il puisse se prononcer en toute conscience, en connaissance de cause, sans avoir à regarder autour de lui, sans avoir à craindre des influences intéressées, à appréhender pour l'avenir.

C'est seulement parce que nous avons pu, jusqu'ici, dans notre organisation, obtenir ce résultat, que nous avons pu dégager complètement la liberté du travailleur vis-à-vis de son employeur d'abord et vis-à-vis de l'Etat ensuite, que nous avons poursuivi notre projet. Nous poussons si loin ce respect de la liberté individuelle que nous l'admettons même en présence de l'obligation à la prévoyance arrêtée par nous en principe.

Si, en effet, nous réclamons le principe de la prévoyance obligatoire, solidaire du patron et de l'ouvrier, en regard nous admettons le libre arbitre de l'intéressé.

Le travailleur acceptera ou n'acceptera pas, mais au moins s'il refuse, son refus, enregistré comme un acte civil, sera la constatation indéniable que, lorsqu'on veut faire le bien, celui qui en est l'objet est encore libre de ne pas en profiter.

Telles sont les bases du système sur lequel nous voulons édifier et avec lequel nous prétendons apporter un commencement d'apaisement dans la société, et faire des travailleurs à tous les degrés des hommes capables de s'apprécier, de s'estimer, et rendus solidaires dans leurs intérêts.

Nous n'avons pas, quant à présent, à nous étendre davantage sur ce sujet, la suite de notre projet démontrera dans l'application l'emploi que nous comptons faire des qualités morales des travailleurs.

Revenons maintenant à l'étude des besoins matériels.

Les besoins matériels et leur division particulière

Les besoins matériels doivent être prévus de telle sorte que l'on puisse donner toute satisfaction de prévoyance au travailleur dans toutes les circonstances où il pourra se trouver, aussi bien lorsque, sédentaire, il exercera son industrie sur place, que lorsque, par son genre de profession, il sera amené à des déplacements successifs.

On comprend que, dans l'un comme dans l'autre cas, les besoins étant les mêmes, l'organisation de la prévoyance doive permettre de faire bénéficier le travailleur des ressources établies à son profit.

A cet effet, la condition qui s'impose immédiatement, c'est, avec l'obligation solidaire des travailleurs, *la généralisation d'office des Sociétés de prévoyances, leur extension et la création de centres d'opération aussi nombreux que possible.*

De plus, il faut fournir à ces Sociétés *une méthode uniforme d'administration, une unité de direction invariable*, et nous ajouterons *un lien d'intérêt effectif qui les unisse l'une à l'autre et les rende solidaires dans les résultats poursuivis*, en sorte qu'un ouvrier, quels que soient ses déplacements, puisse toujours trouver à sa portée une mutualité qu'il connaîtra à l'avance, dont il sait l'organisation, les résultats qu'il peut en obtenir en raison du concours qu'il aura apporté à la prévoyance générale.

De tout ce qui précède, nous devons conclure à deux sortes de besoin matériel : les besoins individuels et les besoins collectifs.

Nous aurons donc à établir des comptes spéciaux pour l'établissement des crédits nécessaires à chacun de ces besoins.

Les besoins individuels

Les besoins individuels pour lesquels il s'agit d'établir des comptes de prévoyance sont : temporaires ou permanents, funéraires et d'administration.

1° Dans les besoins temporaires, nous classons : les maladies, les blessures qui demandent en faveur de l'intéressé les honoraires médicaux, les frais pharmaceutiques, une indemnité journalière pécuniaire ;

2° Dans les besoins permanents, nous admettons : les secours à fournir aux invalides du travail par suite de maladies ou de blessures d'une certaine gravité ;

3° Dans les frais généraux, nous ferons entrer :

Les frais d'inhumation, ceux de gestion et d'administration.

Besoins temporaires

Les dépenses qui pourront être occasionnées par les cas de maladies sont de celles pour lesquelles on ne peut établir aucune relation entre le besoin et la valeur des individus.

S'il n'y a par ce fait aucune chance d'appréciation naturelle vis-à-vis d'un individu, le calcul peut cependant permettre d'apprécier les chances courues par une collectivité. C'est en effet un élément que fournissent les statistiques et que les Sociétés de secours mutuels n'ont pas manqué d'établir.

Nous trouvons, d'après ces renseignements, que les dépenses moyennes annuelles se rapportant à l'unité individuelle sont :

Pour les honoraires des médecins..	3f »»
Pour les frais pharmaceutiques.....	3 50
Pour les indemnités de maladie.....	8 »»
Total des besoins temporaires par unité individuelle et par an.........	14f 50

Dont le 1/12, qui est de 1 fr. 20, nous fournit dans ce chiffre la valeur mensuelle à retenir.

Besoins permanents

Les besoins permanents répondent aux cas spéciaux de blessures d'une certaine gravité, de maladies incurables contractées dans le travail exécuté dans de mauvaises conditions hygiéniques, conditions qui peuvent amener au point de vue professionnel une diminution de la valeur individuelle permanente.

Il se présente alors les deux cas suivants :

Ou l'intéressé, bien que blessé, peut encore fournir un travail en rapport avec les aptitudes qui lui sont restées, et peut subvenir dans une certaine mesure à ses besoins ;

Ou il est considéré impropre à tout travail, ne pouvant plus rien ni pour lui, ni pour les siens.

Dans le premier cas, nous penserions établir une subvention annuelle dont l'importance, *toujours revisable*, serait calculée sur la différence des salaires avant et après l'incapacité.

Dans le second cas, il y aurait lieu à procéder à la liquidation anticipée de la retraite en raison des antécédents reconnus dans la participation à la prévoyance et à établir ainsi la valeur de la pension annuelle à servir.

Dans les deux cas, nous arrivons à la même conclusion de la pension annuelle.

Pour établir les valeurs de ce compte, comme nous sommes ici en présence des résultats des risques professionnels courus, nous appliquerons par unité individuelle *la moitié* de la contribution spéciale affectée à cette prévision, *l'autre moitié* restant réservée pour l'amélioration du chiffre de la retraite des bénéficiaires.

Or, le chiffre moyen de cette contribution ayant été arrêté à 2 francs par mois, nous inscrirons au crédit de ce compte la moitié, soit par unité individuelle une *moyenne* annuelle de **12** francs.

Cette somme affectée au service spécial des risques fournira l'élément constitutif d'un chapitre spécial.

Les fonds pris sur cette ressource devront fournir aux mutualités pour les compensations à accorder dans tous les cas d'accidents professionnels, y compris les annuités pour servir de retraite *jusqu'à l'âge normal d'admission à la retraite spéciale pour la vieillesse*, l'une arrivant en son temps pour remplacer l'autre.

Besoins pour frais funéraires et frais d'administration

Les Sociétés de secours mutuels ont l'habitude de participer, au décès de leurs membres, dans les frais funéraires.

Nous respecterons cet usage, et nous emprunterons encore aux statistiques les frais indiqués pour ce cas spécial, soit une moyenne individuelle et annuelle de 0 fr. 90.

Pour les frais de gestion et d'administration, la valeur moyenne annuelle indiquée par unité individuelle est de 2 francs.

Nous admettons *comme valeur mensuelle et individuelle* pour les frais funéraires.................. 0f 10

Pour les frais d'administration................. 0 15

Total pour ces deux chapitres........ 0f 25

Soit 3 francs par an.

La valeur annuelle de ce dernier chiffre représentera un excédent de prévision de 0 fr. 10 sur la valeur de 2 fr. 90 reconnue précédemment.

Besoins collectifs

Les besoins collectifs sont ceux qu'il est nécessaire de prévoir pour solidariser les mutualités.

Il faut que ces Sociétés, s'unissant dans un but commun comme les individualités qui les composent, s'appliquant à elles-mêmes le principe de mutualité, puissent à un moment donné concourir à se soulager l'une l'autre.

Si on veut bien se rappeler que l'insuffisance des ressources a été signalée comme une des causes principales ayant fait ou sombrer certaines Sociétés, ou empêché le développement d'un grand nombre d'autres, nous pouvons admettre qu'*en établissant une contribution spéciale de prévoyance pour compenser les excédents de dépense qui pourront incomber aux Sociétés de certaines localités à un moment donné, nous donnerons à ces Sociétés les moyens de vivre et aux Sociétaires une garantie pour leur recours à la prévoyance.*

A cet effet, nous pensons qu'en raison du nombre considérable des travailleurs qui seront appelés à bénéficier de l'organisation, une prévision peut être indiquée à raison de 0 fr. 05 par unité individuelle et par mois, soit par an 0 fr. 60.

Ce qui fait qu'en résumant les prévisions que nous venons d'établir spécialement pour chacun des chapitres de la prévoyance, nous obtenons :

Pour le service des besoins temporaires.....	14f 40
Pour le compte des besoins permanents.....	12 »»
Pour les frais funéraires et d'administration.	3 »»
Pour le compte de collectivité..............	0 60
Soit un total de.............	30f »»

Ce chiffre représentant la valeur totale nécessaire pour la prévoyance contre les maladies et les accidents professionnels, si nous déduisons cette valeur de celle prévue pour la contribution individuelle, *le reste* devrait nous indiquer pour chacun des bénéficiaires la valeur à inscrire au profit de son compte de retraite.

Mais il n'en est pas tout à fait ainsi parce que les valeurs trouvées sont de deux sortes, l'une fixe et invariable par unité individuelle considérée, l'autre au contraire variable en raison du classement des établissements dans la catégorie des risques ; mais cette dernière s'établit néanmoins par unité individuelle.

Si nous opérons la classification, nous obtenons comme devant être alimenté par une ressource fixe et par unité individuelle :

Les services temporaires pour..........	14f 40
Les services spéciaux pour.............	3 »»
Le service des collectivités pour........	0 60
Total..............	18f »»

En ramenant la somme annuelle ainsi trouvée à une valeur mensuelle correspondante, on obtient **1 fr. 50** *par membre participant et par mois.*

Comme nous avons admis que la contribution individuelle mensuelle serait représentée par une valeur fiduciaire, le timbre de prévoyance, nous pouvons conclure *que la somme de 1 fr. 50, que nous venons de trouver, devra ressortir par timbre unité*, et c'est cette valeur qui va maintenant servir de base pour nos diverses opérations de prévoyance.

Reste à établir la valeur variable qui va constituer dans le compte des risques la part de chaque unité individuelle applicable à la retraite ou, ce qui revient au même, la valeur à appliquer par timbre unité.

Nous avons établi plus haut que cette valeur, admise pour rendre au total la moyenne voulue de 2 francs par mois, devait être perçue à raison de 1 franc par catégorie avec 1 franc d'écart par catégorie. Il advient que la partie réservée à cette contribution spéciale ayant été fixée à la moitié, celle à fournir dans ce cas à chaque unité ressortira à 0 fr. 50 par catégorie avec un écart de 0 fr. 50 par catégorie, il s'ensuit que :

La 1re catégorie paiera	....	0f	50
La 2e — —	....	1	»»
La 3e — —	....	1	50
La 4e — —	....	2	»»
La 5e — —	....	2	50

Si nous ajoutons maintenant chacune de ces valeurs à la valeur fixe de 1 fr. 50, trouvées précédemment, les valeurs définitives qu'il y aura lieu de prélever par timbre unité pour les ouvertures des comptes précédents seront :

Pour les établissements classés :

Hors catégorie	1f 50
1re —	2 »»
2e —	2 50
3e —	3 »»
4e —	3 50
5e —	4 »»

Par conséquent, si, *pour chaque timbre unité, et d'après la catégorie à laquelle il appartient, on fait la différence des valeurs ci-dessus à la valeur totale qui y sera indiquée, le reste représentera la valeur dont il y aura lieu de tenir compte pour l'établissement de la retraite au profit du détenteur de timbres.*

Nécessité du livret individuel de prévoyance

On a vu, par l'importance des fonctions des timbres de prévoyance, que ces timbres doivent constituer à leurs détenteurs de véritables titres de propriété qui serviront, le moment venu, à établir les droits des porteurs à la prévoyance, pour les collectivités la valeur des contributions à percevoir et un contrôle sur la réalisation des recettes.

Il sera donc nécessaire, à un moment donné, de pouvoir demander à un intéressé la représentation du concours effectif qu'il aura accordé individuellement à la prévoyance, par suite lui demander également le montant de sa participation, laquelle sera représentée par le nombre plus ou moins élevé de timbres qu'il aura en sa possession.

Afin de rendre plus tangibles, pour chacun des bénéficiaires, les indications précédentes, et aussi pour assurer, dans toute la suite des opérations, la sincérité indispensable, nous avons pensé qu'il devenait utile d'indiquer l'établissement d'un carnet individuel de prévoyance sur lequel on trouverait, avec l'état civil du porteur et la carte d'identité :

Les indications concernant la fonction du timbre dans les applications à la prévoyance ;

Les feuillets organisés pour y coller les timbres unités par ordre de perception ;

La reconnaissance par des visa dans des conditions voulues et à des dates déterminées :

De la valeur totale qui était représentée à la date indiquée par les visa ;

De la valeur totale de la participation du bénéficiaire au service de la retraite.

Ce livret constituera, pour son porteur, la pièce officielle qui lui servira de trait d'union vis-à-vis des Sociétés pour les droits à la prévoyance, et sur le vu de laquelle pourra être effectuée la liquidation de la retraite.

La pièce comptable de ce livret devient le timbre mobile de prévoyance portant toutes les indications pour que le premier venu puisse établir le tirage des comptes et soumettre les résultats au visa de qui de droit.

Cette création, on le voit, n'a rien d'assimilable avec l'ancien livret de profession ; il n'a de comparaison qu'avec les pièces ordinaires de justification de possession comme l'est, par exemple, le livret de caisse d'épargne.

Valeurs des retraites pour la vieillesse

Dans notre étude préliminaire des conditions actuelles de la prévoyance, nous nous arrêtions à cette conclusion qu'il était nécessaire de mutualiser les fonds de retraite pour la vieillesse, comme le sont déjà ceux qui doivent servir au cas de maladies et aux accidents professionnels, avec cette seule différence *que la contribution des premières étant un prélèvement fixe attribuant également des compensations fixes, le reste de ces premiers prélèvements sur la valeur totale de la contribution de prévoyance représentera pour chaque unité sa part de participation dans la formation du fonds général des retraites.*

Nous ferons remarquer ici que le fonds provenant de la coopération des ouvriers (1) se trouve entièrement absorbé par la prévoyance pour les maladies, frais funéraires et d'administration. *Les valeurs pour la caisse des risques et la caisse des retraites sont donc fournies exclusivement par la participation patronale.* On peut donc voir qu'en mutualisant les fonds spéciaux à ces affectations, on ne fait *que de disposer de valeurs non individuelles* pour l'intérêt général du travailleur.

Il est alors facile de comprendre que si chaque timbre unité représente pour le bénéficiaire sa valeur individuelle et l'évaluation du risque couru dans le travail si

(1) La moyenne de 18 francs.

on retranche à chacun une quantité égale, les restes représenteront également les mêmes indications de valeur individuelle et de risques courus.

Et notre conclusion est que la constitution du fonds pour le service des retraites étant faite par des abandons de sommes diverses des ouvriers valides au profit de ceux qui auront satisfait aux conditions du repos.

L'équité indique que *lorsque les contribuables arriveront à leur tour au moment de la retraite, celle-ci leur soit fournie en raison directe des résultats qu'ils auront eux-mêmes contribués à obtenir,* ce qui, par enchaînement, nous permet de dire que, dans ces conditions, le travailleur arrivé à l'âge du repos *sera gratifié d'une retraite proportionnelle à sa valeur dans le travail et aux risques qu'il y aura courus.*

Valeur moyenne de la contribution à la retraite par timbre unité

Nous avons, pour fournir un résultat qui réponde aux conditions précitées, deux questions à résoudre. D'abord la valeur des versements des participants, ensuite l'indication de la valeur des pensions.

En faisant l'application de ce qui précède, nous pouvons indiquer pour chaque valeur de timbre de prévoyance le reste qui devra s'appliquer à la constitution du fonds de retraite.

D'après *le salaire moyen,* nous avons déjà dit que, pour une année d'exercice, un ouvrier peut avoir à son actif :

En catégorie simple	36 f
En 1re catégorie	48
En 2e —	60
En 3e —	72
En 4e —	84
En 5e —	96

Or, la valeur des contributions partielles de prévoyance étant :

En catégorie simple	18 f
En 1re catégorie	24
En 2e —	30
En 3e —	36
En 4e —	42
En 5e —	48

Les restes disponibles, qui servent à former le fonds des retraites, vont, par suite, ressortir aux valeurs suivantes :

Catégorie simple.........	36 f — 18 f = 18 f
1re catégorie	48 — 24 = 24
2e —	60 — 30 = 30
3e —	72 — 36 = 36
4e —	84 — 42 = 42
5e —	96 — 48 = 48

En appliquant ces indications à toutes les valeurs de timbres dans toutes les catégories, on obtient pour chacune de ces catégories les valeurs annuelles des cotisations de retraite.

Nous les consignons dans les tableaux suivants :

PRODUIT DE LA RETRAITE

par timbre unité dans chaque catégorie

POUR LES 36 VALEURS REPRÉSENTATIVES

	Par paie de	Produit total annuel	Prévoyance annuelle	Reste annuel pour la retraite
Catégorie simple	50 f et au-dessous	12	18	— 6
	50 à 100	24	18	6
	100 à 150	**36**	**18**	**18**
	150 à 200	48	18	30
	200 à 250	60	18	42
	250 à 300	72	18	54
1re catégorie	50 f et au-dessous	24	24	0
	50 à 100	36	24	12
	100 à 150	**48**	**24**	**24**
	150 à 200	60	24	36
	200 à 250	72	24	48
	250 à 300	84	24	60

Produit de la Retraite

(*Suite*)

	Par paie de	Produit total annuel	Prévoyance annuelle	Reste annuel pour la retraite
2e catégorie	50f et au-dessous	36	30	6
	50 à 100	48	30	18
	100 à 150	**60**	**30**	**30**
	150 à 200	72	30	42
	200 à 250	84	30	54
	250 à 300	96	30	66
3e catégorie	50f et au-dessous	48	36	12
	50 à 100	60	36	24
	100 à 150	**72**	**36**	**36**
	150 à 200	84	36	48
	200 à 250	96	36	60
	250 à 300	108	36	72
4e catégorie	50f et au-dessous	60	42	18
	50 à 100	72	42	30
	100 à 150	**84**	**42**	**42**
	150 à 200	96	42	54
	200 à 250	108	42	66
	250 à 300	120	42	78
5e catégorie	50f et au-dessous	72	48	24
	50 à 100	84	48	36
	100 à 150	**96**	**48**	**48**
	150 à 200	108	48	60
	200 à 250	120	48	72
	250 à 300	132	48	84

Ainsi que l'on peut en juger, la valeur à attribuer aux principaux cas de la prévoyance se trouve exactement terminée par la représentation d'un timbre unité même dans chaque cas d'application par catégorie.

Cette manière de procéder n'offre donc aucun aléa, et ne peut, par suite, donner prise à aucune fausse interprétation.

L'intérêt principal présenté sera de ce que chacun pourra opérer, soit pour la marche de son propre compte, soit pour le contrôle de ce qui se fera dans les mutualités aussi bien comme perception que pour l'application des fonds aux divers chapitres de la prévoyance.

Ce moyen de contrôle devient la meilleure garantie que nous puissions offrir pour la bonne administration et la sincérité des opérations à intervenir.

Des Pensions

Nous avons à présenter, maintenant que nous avons la valeur de ce que peut être la contribution pour la formation du fonds de retraite, ce que seront ces retraites et comment elles pourront être réparties.

Pour arriver à ces résultats, la première solution nécessaire était la détermination de l'âge auquel il était possible de prononcer la mise à la retraite.

En raison de la progression que donne la mortalité, lorsque l'on examine les extinctions vers le déclin de la vie, la variation sur quelques années seulement apporte une telle modification dans les résultats à fournir pour les retraites que nous avons reconnu, pour avoir un résultat satisfaisant, que cette détermination ne pouvait pas être banale.

A défaut d'indications précises, nous nous sommes servis pour base de notre travail, comme étant celle qui se rapprochait le plus des conditions ordinaires des mutualités, *de la table de mortalité qui a été publiée par les soins du bureau de la Statistique générale comme résultat des neuf derniers recensements quinquennaux.*

Nous avons ramené au même départ de l'âge de vingt ans 1,000 unités hommes et 1,000 unités femmes, et notre travail nous a amené à conclure ; que l'extinction de ces deux mille unités se fait *sur une moyenne*, pour les hommes, lorsqu'ils atteignent 74 ans, pour les femmes, lorsqu'elles arrivent à 84 ans; qu'entre la période de l'âge de 20 ans et les extinctions complète des uns et des autres, la progression de mortalité dans ces conditions est la suivante :

AUX AGES suivants	IL RESTE	
	Hommes	Femmes
20 ans	1000	1000
30 —	901	920
40 —	789	830
50 —	637	730
60 —	416	610
70 —	145	420
80 —	0	140
84 —	0	1

Les indications du tableau précédent nous ont amené à la recherche de la composition d'une collectivité comprenant tous les âges. A cet effet, nous partons pour les hommes et pour les femmes de 1,000 unités et de l'âge de 20 ans, en intercalant pour chacun de ces âges depuis 20 ans jusqu'au maximum amenant l'extinction complète.

Nous en avons consigné les résultats dans le tableau suivant, et l'on trouve que dans la collectivité il existerait :

AGES	HOMMES	FEMMES
De 20 à 30 ans...............	9.498	9.611
De 30 à 40 —	8.447	8.897
De 40 à 50 —	7.150	7.900
De 50 à 60 —	5.320	6.835
De 60 à 70 —	2.890	5.280
De 70 à 80 —	357	2.990
De 80 à 84 —	0	360
Total dans la collectivité..	33.662	41.873

donnant un total général de 75,535 individus.

Nous avons arrêté, pour le mode à adopter pour l'organisation des retraites en mutualités le principe suivant : il faut que dans la collectivité la partie valide fournisse pour la partie arrivée à l'âge du repos.

D'après le tableau précédent et l'étude que nous avons faite, nous avons été amenés à reconnaître que, pour l'homme, l'âge de 65 ans était celui qui nous permettait la valeur la plus approchée de celle cherchée. En effet, le calcul, d'après le tableau, indique, pour les hommes arrivant à 65 ans, 32,185 unités, après 65 ans, 1,477 unités, d'où 32,185 unités qui paieront, et 1,477 qui partageront. Or, l'unité payante étant de 24 francs en moyenne, la valeur moyenne de la pension s'obtient par :

$$\frac{32{,}185 \times 24}{1{,}477} = 523 \text{ francs.}$$

En faisant la même opération pour les retraites femmes, on trouve que 36,123 unités paieront au profit de 5,750 unités femmes; la retraite moyenne deviendrait donc :

$$\frac{36{,}123 \times 24}{5{,}750} = 150 \text{ francs.}$$

Mais, en raison de la longévité, si on reportait l'âge des retraites femmes à 70 ans, le résultat deviendrait 38,523 payantes pour 3,350 pensionnaires, soit :

$$\frac{38{,}523 \times 24}{3{,}350} = 275 \text{ francs.}$$

On voit, d'une part, que si la retraite homme peut se calculer en laissant un large aléa, à raison de 20 fois la moyenne de la première catégorie, la retraite femme sera seulement de 6 fois cette moyenne si l'âge de 65 ans est adopté ou 10 fois cette moyenne si c'est l'âge de 70 ans qui prévaut.

Nous ferons remarquer que, par prudence, nous nous sommes servis, pour les calculs, de la moyenne de rendement que fournirait la première catégorie, comme si cette moyenne ne pouvait se supposer pouvoir aller au-delà, tandis que nos prévisions précédentes nous permettraient d'affirmer la moyenne de la deuxième catégorie comme celle probable; or, cette moyenne étant supérieure de 6 francs à la première, il y aurait une majoration de 120 francs à prévoir sur le montant de chaque pension.

En tous cas, les résultats ainsi fournis montrent qu'entre l'application du chiffre de la retraite et celle que la prévision par le calcul indique il y aura encore une marge pour parer aux éventualités de l'imprévu comme âge ; cette marge serait-elle insuffisante, il suffirait de remonter les cotisations à partir de 18 ans au lieu de 20 ans admis, ce qui fournirait dans chaque division *au moins* 2,000 payants sans risques.

Nous pouvons donc admettre que les prévisions de la retraite, dans les conditions que nous venons d'indiquer, sont choses possibles, et que notre formule de 20 fois la moyenne annuelle, pendant les 45 années de stage, nous donne comme coefficient une appréciation exacte de la valeur de la retraite à fournir. Inversement, en raison du nombre des années de stage, le coefficient indicateur qui servira à déterminer la valeur de la pension de retraite sera égal à la 1/45 partie de la totalisation des cotisations de retraite.

Mais comme la valeur de ce coefficient va être très variable en raison de la valeur individuelle et de la constance ou de l'assiduité dans le travail, nous n'admettrons, *pour la simplification des comptes* comme valeur de détermination de la retraite, que des valeurs par unité sans fractions d'unité. En sorte qu'un ouvrier ayant, par exemple, un coefficient de 11 fr. 25, sera payé sur 20 fois la valeur des 11 unités de sa moyenne sans fraction d'unité ; dans le cas présent, sa pension serait de 220 francs.

Le tableau suivant donne les valeurs de la pension pour tous les coefficients de 1 à 84 unités.

TABLEAU DES RETRAITES POUR LA VIEILLESSE

D'APRÈS LA VALEUR DU COEFFICIENT

déterminé par la 1/45 partie de la totalisation des cotisations de retraites

COEFFICIENT de moyenne annuelle	RETRAITES		
	Hommes à 65 ans	Femmes à 65 ans	Femmes à 70 ans
1	20	6	10
2	40	12	20
3	60	18	30
4	80	24	40
5	100	30	50
6 (1)	**120**	**36**	**60**
7	140	42	70
8	160	48	80
9	180	54	90
10	200	60	100
11	220	66	110
12	**240**	**72**	**120**

(1) Les chiffres soulignés correspondent aux valeurs moyennes prévues comme résultat possible dans chaque catégorie d'établissement.

Tableau des Retraites pour la Vieillesse *(Suite)*

COEFFICIENT de moyenne annuelle	RETRAITES		
	Hommes à 65 ans	Femmes à 65 ans	Femmes à 70 ans
13	260	78	130
14	280	84	140
15	300	90	150
16	320	96	160
17	340	102	170
18	**360**	**108**	**180**
19	380	114	190
20	400	120	200
21	420	126	210
22	440	132	220
23	460	138	230
24	**480**	**144**	**240**
25	500	150	250
26	520	156	260
27	540	162	270
28	560	168	280
29	580	174	290
30	**600**	**180**	**300**

Tableau des Retraites pour la Vieillesse *(Suite)*

COEFFICIENT de moyenne annuelle	RETRAITES Hommes à 65 ans	Femmes à 65 ans	Femmes à 70 ans
31	620	186	310
32	640	192	320
33	660	198	330
34	680	204	340
35	700	210	350
36	**720**	**216**	**360**
37	740	222	370
38	760	228	380
39	780	234	390
40	800	240	400
41	820	246	410
42	**840**	**252**	**420**
43	860	258	430
44	880	264	440
45	900	270	450
46	920	276	460
47	940	282	470
48	**960**	**288**	**480**

Tableau des Retraites pour la Vieillesse *(Suite)*

COEFFICIENT de moyenne annuelle	RETRAITES		
	Hommes à 65 ans	Femmes à 65 ans	Femmes à 70 ans
49	980	294	490
50	1000	300	500
51	1020	306	510
52	1040	312	520
53	1060	318	530
54	**1080**	**324**	**540**
55	1100	330	550
56	1120	336	560
57	1140	342	570
58	1160	348	580
59	1180	354	590
60	**1200**	**360**	**600**
61	1220	366	610
62	1240	372	620
63	1260	378	630
64	1280	384	640
65	1300	390	650
66	**1320**	**396**	**660**

Tableau des Retraites pour la Vieillesse (*Fin*)

COEFFICIENT de moyenne annuelle	RETRAITES Hommes à 65 ans	Femmes à 65 ans	Femmes à 70 ans
67	1340	402	670
68	1360	408	680
69	1380	414	690
70	1400	420	700
71	1420	426	710
72	**1440**	**432**	**720**
73	1460	438	730
74	1480	444	740
75	1500	450	750
76	1520	456	760
77	1540	462	770
78	**1560**	**468**	**780**
79	1580	474	790
80	1600	480	800
81	1620	486	810
82	1640	492	820
83	1660	498	830
84	**1680**	**504**	**840**

NOTA. — Les résultats consignés dans ce tableau sont ceux du calcul ; il faut admettre que la pratique réduira ces chiffres aux trois quarts de leur valeur.

Conditions pour satisfaire à la retraite

Les conditions pour obtenir le droit à la retraite seront les mêmes pour tous les travailleurs, à raison de 65 ans d'âge pour les hommes et les femmes ou 65 ans pour les hommes et 70 ans pour les femmes.

La valeur de la retraite pour les uns et les autres sera déterminée par la valeur d'un coefficient égal à la 1/15 partie de la totalité des sommes annuelles indiquées comme cotisation pour les fonds de retraite.

Lorsque l'âge voulu aura été atteint et qu'un bénéficiaire voudra faire valoir les droits à la retraite qu'il aura su acquérir dans son existence de travailleur, la première condition sera d'établir qu'il aura été utile à quelque chose dans les résultats généraux acquis par les produits du travail. Cette constatation s'obtiendra par la production du livret individuel de prévoyance.

Il se présente là un cas particulier. Dans la suite des opérations, cette condition, nous l'avons dit, sera remplie immédiatement par la production du livret individuel. Ce livret fournira tous les éléments d'appréciation nécessaires à la validité et à l'évaluation du chiffre de la retraite. Mais dans la période transitoire qui s'écoulera entre la mise en œuvre du système et le temps minimum qui sera jugé nécessaire pour donner aux indications des livrets une autorité suffisante de ce qu'aura pu être la valeur individuelle dans le travail, il y aura lieu d'opérer par des enquêtes confiées à des commissaires spéciaux pris dans les mutualités pour établir le coefficient qui fournira la valeur de la retraite.

On a vu que, régulièrement, ce coefficient aura pour valeur la 1/15 partie de la totalisation des valeurs annuelles affectées à la caisse des retraites.

L'évaluation, dans ce dernier cas, devra se faire, en attendant mieux, dans des conditions établies à peu près ce qu'elles auraient pu être réellement, ce qui permettra d'accorder dès les premiers moments aux hommes et aux femmes qui auraient plus de 65 ou 70 ans les bénéfices immédiats de la retraite.

Ce que peut être une retraite

Admettons par exemple que la totalisation des sommes annuelles portées à l'actif d'un ouvrier arrivé à la limite d'âge, qui aurait travaillé pendant 30 ans, ressorte à 540 francs, le 1/45 de cette somme étant 12, ce nombre de 12 est le coefficient qui nous sert à trouver au tableau des retraites que la pension annuelle du bénéficiaire, si c'est un homme, sera de 240 francs, 72 francs si c'est une femme qui prend sa retraite à 65 ans, ou 120 francs si la retraite est indiquée à 70 ans.

Dans les mêmes conditions, un ouvrier ayant travaillé pendant 45 ans montrant un produit de retraite de 810 francs, le 1/45 étant de 18, ce coefficient de 18 nous indique la pension correspondante de 360 francs.

Un travailleur dans la moyenne des salaires ayant employé consciencieusement son temps, sans arrêt extraordinaire, pouvant présenter le coefficient de 24, il lui est indiqué une pension de 480 francs.

Le maximum serait acquis à l'ouvrier qui aurait travaillé sans perdre de temps et pendant les 45 années de stage en 5e catégorie, à un salaire de 250 à 300 francs par mois ou au-dessus, qui pourrait, par suite, présenter un coefficient de 82 correspondant à une pension annuelle de 1,680 francs. Dans la pratique, il ne faut pas compter obtenir un maximum aussi élevé.

Nous pensons que l'importance de ces résultats et de la mise en action immédiate des retraites mis en parallèle avec le système par capitalisation, pourra être un très gros argument en faveur de la mutualisation des capitaux de retraite, d'autant mieux que le service organisé par mutualisation des capitaux permet d'une année sur l'autre les corrections qui seraient jugées utiles pour le bien de l'intérêt général.

Indemnité de secours en cas de décès

Nous nous sommes toujours pénétrés, au cours de ce travail, des besoins qui ont été successivement exprimés dans les Sociétés de secours mutuels.

Parmi ces besoins, celui de l'indemnité de secours en cas de décès, *en dehors des frais d'inhumation*, pour lequel un chapitre spécial est établi, est à l'ordre du jour des Sociétés, mais comme une chose extraordinaire, c'est-à-dire pour laquelle il n'existe pas de ressources spéciales de prévoyance.

Nous pensons que cette question pourrait recevoir une autre solution et qu'elle pourrait se rattacher aux prévisions ordinaires, et avoir un prélèvement spécial sur les ressources prévues pour l'établissement des retraites.

Pour établir la dépense que va nécessiter cette opération, il faut nous reporter au tableau de mortalité ; nous y voyons que dans la collectivité complète, comme nous l'avons envisagée précédemment, il meurt dans une année :

De 20 à 30 ans..................	99	sujets
De 30 à 40 —	112	—
De 40 à 50 —	152	—
De 50 à 60 —	221	—
De 60 à 65 —	131	—

Il nous faudrait donc compter annuellement en supposant que :

De 20 à 30 ans, l'indemnité soit de	100f × 99 =	9.900f
De 30 à 40 — — —	150 × 112 =	16.800
De 40 à 50 — — —	200 × 152 =	30.400
De 50 à 60 — — —	250 × 221 =	55.250
De 60 à 65 — — —	300 × 131 =	39.900
Soit pour......	715 =	152.250

ce qui fait ressortir l'indemnité moyenne par suite de décès à environ 212 francs et la valeur fixe par timbre unité à 0 fr. 35, nous prendrons 0 fr. 40 pour obtenir la marge suffisante.

D'autre part, le nombre des participants peut devenir, en reportant l'âge d'admission à 16 ans, 32,185 + 4,000 = 36,185 individus. Or, 36,185 individus à 24 francs de moyenne annuelle produisent 868,440 francs; si, de cette somme, nous retranchons celle nécessaire pour les indemnités de décès, il vient 868,440 — 152,150 = 716,290 francs.

$$\frac{716{,}290^{f}}{1{,}477} = 484 \text{ francs environ.}$$

Soit une somme encore supérieure de 4 francs à 480 francs, représentant 20 fois la moyenne de la première catégorie.

Donc, en ramenant l'âge d'entrée des participants à 16 ans, nous pouvons établir sur les fonds de retraite la réserve nécessaire à la constitution des fonds qui serviront à fournir les indemnités en cas de décès, savoir :

100 francs pour les décédés de 20 à 30 ans.
150 — — de 30 à 40 —
200 — — de 40 à 50 —
250 — — de 50 à 60 —
300 — — de 60 à 65 —

et notre caisse de retraite pourra toujours fonctionner

dans les conditions prévues précédemment. De plus, il nous restera pour les cas extraordinaires de longévité, c'est-à-dire au-dessus de 74 ans chez les hommes et 81 ans chez les femmes, la ressource que produira l'excédent dû à l'élévation de la moyenne prévue.

Quand bien même cette ressource ne serait pas réalisée, nous reporterions les dépenses qui pourraient résulter de ce besoin extraordinaire sur les ressources qui seront constituées sous la dénomination de ressources extraordinaires.

Du Carnet de Retraite

L'organisation de la retraite demande un complément d'organisation qui nous paraît indispensable ; c'est celui de la représentation de la valeur acquise pour la retraite.

Il y a là d'abord une mesure d'ordre indiquée pour ne pas avoir à revenir, une fois prononcée, sur la régularisation d'une affaire qui aura demandé quelques petites opérations de vérification et de contrôle, et de plus un moyen qui offrira des facilités à apporter aux règlements antérieurs d'encaissement pour les bénéficiaires.

Il y a aussi, suivant nous, un autre but à envisager : c'est celui de l'effet moral à produire.

Or l'établissement d'un carnet individuel de retraite, nominatif, avec sa disposition en coupons de douzième d'annuité, valeur représentative de celle de son possesseur, sera pour le bénéficiaire un sujet de haute satisfaction non seulement pour la représentation des besoins matériels que ce carnet contiendra, *mais surtout pour le témoignage irréfutable de la vie de labeur et du devoir accompli dont le travailleur pourra se prévaloir vis-à-vis des siens et vis-à-vis de ceux qui l'entourent.*

Représentation de la richesse acquise, preuve d'une possession méritée, honneur du résultat obtenu, il y a là, suivant nous, des conditions de solution sociales à mettre en évidence et à opposer à bien des revendications.

Toutes raisons pour que nous insistions sur la nécessité de créer le carnet individuel de retraite, lequel serait dressé au nom du bénéficiaire sitôt la situation de la retraite régularisée.

Les ouvriers étrangers, la prévoyance et la retraite pour la vieillesse

Nous admettons comme principe que la prévoyance est établie pour tous les travailleurs dans toutes les professions du travail manuel exercé sur les territoires de la République française et de ses colonies.

Comme conséquence, les ouvriers étrangers seront soumis aux mêmes règlements de prévoyance que les nationaux.

Ces ouvriers contribueront donc aux charges et aux bénéfices de la prévoyance.

D'une part, ils paieront comme tous les autres travailleurs une contribution sur leurs salaires ; d'autre part, la contribution patronale sera payée dans les mêmes conditions que pour les nationaux.

Or, de ce que la partie patronale de la contribution n'est pas individuelle, mais est seulement faite sur l'unité individuelle, que d'ailleurs la loi ne sera faite qu'au profit des travailleurs français, notre conclusion devrait être que la caisse de retraites est exclusivement faite au profit de nos nationaux.

Cependant, afin de faciliter le recrutement du personnel et d'attacher au sol français, et principalement aux colonies, le plus possible de sujets dévoués à la cause nationale, nous pensons qu'ayant indiqué un stage suffisant en nombre d'années d'habitation consécutive avec soumission aux lois françaises, on pourrait admettre les ouvriers étrangers à la retraite proportionnelle à laquelle ils pourraient avoir des droits, aux conditions ordinaires de nos nationaux. Mais seulement, dans les conditions précitées, nous croyons qu'il y aurait lieu d'émettre un avis favorable pour l'admission aux bénéfices de la retraite des ouvriers de nationalité étrangère. Dans le cas contraire, la contribution de retraite patronale qui arriverait en excédent faute d'emploi devra être attribuée au compte spécial des réserves extraordinaires de la prévoyance.

C'est un chapitre spécial que nous aurons à établir dans la suite de notre travail.

Caisse centrale de mutuelles compensations

En raison des services multiples que sont appelés à rendre les mutualités, surtout en raison de la *mobilité possible* que nous devons prévoir pour les éléments qui entreront dans les collectivités, il est nécessaire d'avoir une organisation régulatrice qui donne dans toutes les sociétés un moyen uniforme de mettre en harmonie les ressources avec les besoins.

C'est principalement pour ce motif que nous avons établi des valeurs fixes pour alimenter les divers chapitres de la prévoyance, afin de pouvoir évaluer d'après la marche de la vente des timbres unités d'une part, et les dépenses par unités individuelles de l'autre, les excédents entre les ressources et les dépenses.

En effet, fixe est la valeur de la cotisation, fixes sont les valeurs à attribuer individuellement ou par timbre unité par chapitre de dépenses. Il s'ensuivra que, d'aprés les décomptes établis, le compte des dépenses doit équilibrer le compte des recettes. Si une mutualité présente, par exemple, une plus-value pour un nombre de malades déterminé, on allouera la valeur moyenne fixe établie pour cette spécialité multipliée par le nombre des timbres; si cette mutualité a reçu des ressources sur un nombre en excédent, elle devra la différence, cela parce qu'ailleurs une mutualité pourra présenter une dépense pour un nombre de sujets malades supérieur à celui qui aura fourni préalablement les ressources.

C'est ce qui pourra arriver par exemple lorsque des travaux importants s'exécuteront inopinément dans une localité.

L'entreprise amènera des travailleurs qui se rattacheront pour la contribution à la mutualité la plus proche. Ils constitueront alors un excédent de ressources pour cette dernière. Les travaux terminés, les éléments mobiles, portés sur un autre point, peuvent y arriver malades pour une raison quelconque ; la mutualité qui les recevra n'aura rien touché ; elle aura donc à supporter un excédent de dépenses sans ressources correspondantes.

On voit, par suite que telle Société se trouve avoir un excédent de recettes ; telle autre, au contraire, qui n'aura eu que ses ressources ordinaires, va être obligée a un excédent de dépenses.

La *solidarité* indique que la mutualité qui a un trop perçu verse au profit de celle qui présente un débet dans ses comptes.

En généralisant, nous devons dire que toutes les Sociétés ou mutualités où il y aura des trop perçus verseront au profit de celles qui présenteront des débets.

Où verser?

Nous avons déjà parlé d'une contribution collective pour mutualiser entre elles toutes les Sociétés.

Cela est nécessaire parce que, même dans les conditions normales, quant au nombre des travailleurs, une épidémie peut frapper sur une région, amener par suite des dépenses au-dessus de la moyenne prévue et détruire pour un certain temps l'harmonie de gestion entre les recettes et les dépenses.

C'est pour cette raison que nous avons pensé à relier entre elles les mutualités pour faire un fonds commun de ressources à raison de 0 fr. 05 par timbre unité.

Pour cet encaissement, nous avons pensé à la création d'une caisse centrale des mutualités que nous désignerions sous la dénomination de Caisse centrale de mutuelles compensations.

Cette caisse serait toute indiquée pour recevoir tous les excédents des recettes des chapitres de la mutualité et fournir aux excédents de dépenses qui pourraient subvenir.

La Caisse centrale devient ainsi le trait d'union indiqué et le régulateur entre toutes les mutualités. L'administration de cette dernière devra donc être prévue pour répondre facilement à ce besoin, et telle que si, pour donner toutes les facilités aux travailleurs, il convient de diviser à l'extrême limite le nombre des mutualités pour bien faire rendre toute son action vis-à-vis du plus grand nombre à la prévoyance, il faudra et il deviendra indispensable, au contraire, que le nombre des unités administratives des Sociétés soit assez restreint pour ne pas diviser à l'infini la relation des mutualités avec la Caisse centrale, afin qu'en tout temps les résultats obtenus puissent être facilement suivis.

L'indication de la nécessité de cette caisse termine la nomenclature des moyens que nous supposons être nécessaires au bon fonctionnement des mutualités.

Nous allons rappeler les points principaux de cette troisième partie.

RÉSUMÉ DE LA TROISIÈME PARTIE

Le principe de notre organisation est tel, qu'après comme avant le travail, la liberté est absolue entre l'ouvrier et le patron.

Que tout travailleur ayant concouru à l'obtention de son épargne en raison de sa valeur individuelle sera exactement fixé sur cette valeur et sur celle du produit qu'il pourra légitimement en tirer.

Que tout en évitant toute espèce d'inquisition et sans qu'il soit besoin de recourir à des déclarations personnelles, la taxation sera exacte, le contrôle assuré et la recette des cotisations facile à effectuer.

Que l'organisation est telle enfin que les frais de gestion et d'administration resteront dans les limites des dépenses actuellement accusées par les Sociétés de secours mutuels.

Que ces conditions sont réalisées par la mise en œuvre de valeurs représentatives correspondant aux valeurs de contributions établies d'abord sur la valeur des salaires, puis sur les risques professionnels auxquels sont exposés les ouvriers dans les établissements.

Que ces valeurs représentatives désignées sous le nom de timbres de prévoyance représenteront les mensualités individuelles payées solidairement par les ouvriers et les patrons et offriront deux sortes de renseignements : 1° ceux personnels aux individus; 2° ceux de la mutualité rapportée à l'unité individuelle mensuelle, ou, ce qui est la même chose, à sa valeur représentative par timbre unité.

Les renseignements personnels aux travailleurs qui seront fournis par timbre unité sont les suivants :

La valeur totale de la contribution d'après le salaire et le classement de l'employeur dans le tableau des risques.

La valeur qui sera sa part contributive par rapport au salaire qui lui a été payé.

La valeur qui aura été fournie par son employeur par rapport au salaire.

La valeur supplémentaire payée par le patron en raison du classement de l'établissement dans la catégorie des risques.

Enfin les renseignements des opérations de mutualité fournis à tous les intéressés par l'emploi du timbre unité seront :

D'abord dans la valeur fixe de 1 fr. 50 :

Le fixe à appliquer aux frais de maladie pour...	1f 20
Le fixe pour frais funéraires	0 10
Le fixe pour frais d'administration	0 15
Le fixe pour secours des collectivités entre elles.	0 05
Total égal	1f 50

Le fixe des risques à raison de 0 fr. 50 pour la première catégorie avec 0 fr. 50 d'écart par catégorie.

Le fixe à payer, s'il y a lieu, pour les secours en cas de décès, soit 0 fr. 40 par timbre unité.

Enfin, par déduction, la valeur contributive par timbre unité à affecter à la retraite.

Que la valeur du timbre reposant sur la valeur individuelle, les besoins pour la prévoyance en dehors de la retraite étant déterminés par des valeurs fixes, la valeur qui restera pour la retraite représentera un chiffre proportionnel de la valeur individuelle et des risques courus dans le travail.

Qu'étant donnée l'importance des fonctions multiples du timbre de prévoyance, il y a lieu, dans l'intérêt du travailleur, de créer un livret individuel de prévoyance. Ce livret nominatif servira à établir la situation personnelle de l'intéressé envers la prévoyance et sera pour lui le trait d'union qui le reliera à toutes les mutualités partout où il pourra se présenter.

Que, de plus, ce livret, tenu à jour, visé dans des conditions déterminées, est nécessaire pour la validité et la sincérité des opérations et constitue dans ses éléments la valeur de la retraite à venir.

Que d'après le système de mutualisation des fonds destinés à la retraite d'une part, les indications des tableaux de mortalité d'autre part, il est possible de prévoir, suivant la valeur individuelle, la constance dans le travail et les risques courus pendant les années de stage :

1° Aux hommes ayant atteint 65 ans d'âge, des pensions variant de 20 francs à 1,680 francs ;

2° Aux femmes ayant atteint 65 ans d'âge, des pensions variant de 6 francs à 504 francs, ou, à 70 ans, des retraites depuis 10 francs jusqu'à 840 francs ;

Aux étrangers ayant les conditions d'habitation requises, les mêmes droits à la retraite, celle-ci étant toujours calculée en raison du 1/45 de la totalisation de la valeur annuelle des cotisations de retraite présentées par le livret individuel.

Que d'après le but matériel à atteindre et les conséquences morales qui pourront en découler, il sera nécessaire d'établir un carnet de retraite nominatif avec coupons de 1/12 de la pension annuelle liquidée.

Que les ressources des retraites sont suffisantes pour créer des indemnités à verser aux familles en cas de décès d'un sociétaire à raison de :

100 fr.	pour les décédés de	20 à 30 ans
150 —	—	30 à 40 —
200 —	—	40 à 50 —
250 —	—	50 à 60 —
300 —	—	60 à 65 —

Que les excédents ou boni à provenir en dehors des fixes prévus par chapitres constituent aux mutualités un fonds spécial de recettes extraordinaires dont les Sociétés auront la libre administration au mieux des besoins locaux.

Que les excédents ou boni à provenir sur les fixes prévus constituent un fonds commun qui devra être versé à la Caisse centrale dite de mutuelles compensations.

Que cette Caisse centrale sera le régulateur de toutes les opérations générales de prévoyance.

Toutes ces conditions réunies nous représentent une organisation complète pour le fonctionnement de tous les services de la prévoyance ; nous n'avons plus qu'à étudier les moyens de mettre nos prévisions en action.

Organisation des Mutualités

L'organisation communale actuelle des mutualités rentrerait absolument dans notre manière de voir pour répondre aux besoins précédemment exprimés. Il ne faut pas oublier, en effet, que les mutualités doivent être tellement généralisées que, partout où il y a un travailleur exerçant une profession manuelle, il doit pouvoir se rattacher à une mutualité sans être obligé à un déplacement spécial.

Il faut, par conséquent, la diffusion des centres d'opération mutualistes pour obtenir la diffusion des secours de prévoyance.

D'autre part, pour rester dans de bonnes conditions d'administration, pour arriver à présenter des résultats ayant un caractère suffisamment défini, il ne faut pas que les opérations soient effectuées sur des collectivités trop peu nombreuses.

De là, deux sortes de besoins demandant deux solutions distinctes.

Pour arriver aux résultats indiqués, la réglementation qui nous paraîtrait le mieux remplir le but que nous poursuivons serait, pour la France et ses colonies, *l'établissement de Sociétés administratives cantonales* pour former l'unité de base et d'action des opérations de prévoyance et de mutualité.

Ces unités cantonales, ayant *pour subdivision les Sociétés communales*, apporteraient à l'organisation toute l'élasticité et toute la souplesse voulues pour répondre à tous les besoins de vulgarisation et d'organisation de la prévoyance.

Les organisations communales trop importantes pourraient être restreintes, suivant le décret en vigueur, à un nombre de mutualistes d'environ 500, afin d'offrir plus de subdivisions administratives et, par suite, plus de moyens d'exercer l'initiative individuelle et aussi plus de facilités pour que l'administration reste avec *le caractère familial* qui doit former la base des résolutions à prendre dans tous les cas qui sont soumis à l'appréciation des intéressés.

On conçoit mieux, alors, que tant de subdivisions seraient le commencement d'une difficulté, pour présenter des résultats suffisamment pratiques pour être appréciés ; enfin que le nombre considérable de ces subdivisions apporterait un travail colossal à l'administration de la Caisse de mutuelles compensations.

L'organisation des subdivisions, rattachée à un centre cantonal, fait disparaître ces inconvénients ; elle fournit le moyen pratique et économique d'une première révision des comptes et, par le nombre déjà important des mutualistes composant l'unité cantonale, les résultats qui seront indiqués après la fusion des comptes des subdivisions présenteront un caractère très appréciable de la valeur des services et de la marche de l'organisation qui aura été suivie.

Cette manière de faire indique que les subdivisions communales continueront à être autonomes, qu'elles s'organiseront et s'administreront comme elles s'organisent et s'administrent aujourd'hui, mais sur une méthode uniforme, de manière, nous ne cesserons de le répéter, qu'un travailleur, d'où qu'il vienne, retrouve partout la même manière de faire, les mêmes procédés d'exécution.

L'administration cantonale serait composée par des délégués de toutes les Sociétés communales ayant à leur tête le président de chaque section.

Le conseil cantonal ainsi formé nommerait son président, un secrétaire général et son trésorier général.

Cette organisation, ainsi comprise, offre un double avantage : d'une part la généralisation des effets de mutualité, d'autre part la concentration des comptes d'administration qui offre les facilités de relier les unités à la caisse centrale.

La caisse centrale serait administrée par un conseil supérieur nommé par les pouvoirs publics.

Le travail des mutualités passera ainsi par *la centralisation* des résultats de la masse générale pour revenir par *la décentralisation* à la répartition, d'après les résultats obtenus, des ressources nécessaires à l'équilibre des budgets dans les mutualités pour le plus grand bénéfice des individualités.

On aura ainsi partout, dans toutes les communes de France et des colonies, une organisation type, administrée et gérée de la même manière suivant un règlement uniforme, présentant néanmoins dans l'organisation de ses subdivisions administratives un caractère d'autonomie qui fournira aux administrateurs une marge et une élasticité suffisante à l'exercice de l'initiative individuelle, et leur permettra de mettre à profit l'expérience qui pourrait être acquise au sujet de certains usages locaux ou de besoins particuliers.

Nous concluons donc :

A l'organisation des mutualités dans toutes les communes de France et des colonies suivant les décrets et règlements en vigueur ;

Mais, de plus :

A l'organisation d'un conseil cantonal composé par

les délégués des sections communales, le conseil cantonal représentant *l'unité administrative* des mutualités ;

A l'organisation d'un conseil central nommé par les pouvoirs publics, conseil chargé de rétablir l'équilibre des budgets des unités cantonales par les reprises ou les versements qu'il ferait faire par la caisse centrale des compensations.

Manière d'opérer

Les mutualités ainsi organisées, un premier travail s'imposera : c'est, dans chaque mutualité, le classement des établissements suivant la catégorie à laquelle chacun d'eux doit appartenir d'après les indications du tableau des risques.

Ceci fait, il devra être remis à chaque établissement d'employeur, *pour être affichée*, une feuille de la couleur du timbre correspondant à la catégorie indiquée ; cette feuille portera les règlements généraux de mutualité et les indications particulières à chaque section communale.

D'autre part, la pièce principale sur laquelle roule toute la suite de nos opérations étant le timbre spécial de prévoyance, nous avons à nous occuper de sa fabrication, en vue des services qu'il est appelé à rendre.

Le timbre doit présenter principalement :

1° Par sa couleur, la catégorie des établissements dans lesquels il doit être employé ;

2° La valeur du salaire pour lequel il sera fourni ;

3° La valeur totale de la contribution de prévoyance qu'il représente ;

4° La valeur spéciale qui est la part de l'ouvrier.

Nous avons vu qu'il y avait, pour le service des 6 catégories, 36 valeurs de timbres à créer, variant dans la valeur totale de 1 à 11 francs.

Etant donnée la garantie qui doit s'attacher à cette opération, l'État devra se charger de la fabrication des timbres de prévoyance.

Ces timbres fabriqués seraient livrés à l'administration de la Caisse centrale des compensations.

La Caisse centrale ferait faire, suivant les demandes, les livraisons nécessaires aux unités cantonales, *en lui vendant chaque timbre unité à raison de 0 fr. 05 pièce.*

Cette première opération a un but, celui d'encaisser les fonds de secours des mutualités entre elles.

Suivant les besoins des localités et d'après les demandes qui leur seraient adressées, les trésoriers des unités cantonales feraient à leur tour la livraison des timbres aux trésoriers des subdivisions ou sections communales.

Ces derniers mettraient en vente les timbres, soit directement soit par des intermédiaires désignés, de manière à ce que partout on puisse se les procurer facilement.

Les timbres de prévoyance arrivent ainsi à la disposition du public après avoir servi à faire acquitter la première contribution, celle prévue pour les secours des mutualités entre elles.

Ainsi que l'on peut le voir, les timbres arrivent aux sections communales n'ayant acquitté que le droit de Caisse centrale de 0 fr. 05 par timbre unité.

Ici, la responsabilité des sections communales commence ; ces Sociétés n'auront à livrer aucun timbre à crédit ; par conséquent, tout timbre unité devra avoir à la sortie, et comme contre-partie, la recette que représentait sa valeur totale.

Les timbres étant, dans ces conditions, à la disposition du public, ce sont les *employeurs* qui, ayant les rétributions des salaires à faire, doivent faire l'acquisition des timbres qui leur seront nécessaires, d'après la catégorie de classement à laquelle appartiendra leur établissement, pour en faire la répartition aux ouvriers, en se conformant aux indications particulières sur la valeur à appliquer en raison du montant des salaires à payer.

L'employeur ayant soldé intégralement dans son acquisition la valeur représentative du timbre, celui-ci, dans son rôle de paie, *retient la contribution de prévoyance* qui est également indiquée comme étant celle à fournir par l'ouvrier.

L'ouvrier, lui, reçoit sa paie diminuée de la valeur de la contribution de prévoyance qui doit être sa part et qui aura été préalablement avancée par son patron, plus le timbre de prévoyance qui devient sa propriété pour la valeur représentative totale qui y est indiquée.

Pendant cette transaction, l'employeur aura oblitéré, avant sa remise à l'ouvrier, par une marque de convention et à la date de la délivrance, le timbre de prévoyance qu'il aura remis à cet ouvrier.

L'ouvrier, possesseur de son timbre, le collera suivant l'indication qui lui sera fournie sur le livret individuel de prévoyance qui lui aura été délivré à la section à laquelle il débutera.

Dans ces opérations, on voit que la section communale, non seulement n'a rien à perdre, mais encore que personne n'a à se déranger pour opérer la recette; l'encaissement se fait au total des valeurs représentatives au fur et à mesure des besoins des employeurs, absolument comme lorsqu'il s'agit de l'acquisition d'un timbre mobile quelconque (poste ou autre),

Étant donné le principe de l'obligation de l'ouvrier à la prévoyance, celui-ci aura le droit et le devoir de ne recevoir sa paie qu'autant que la partie complémentaire de la prévoyance, représentée par son timbre, lui aura été délivrée.

Par suite, les valeurs de la contribution étant solidarisées effectivement dans le timbre de prévoyance, le paiement exigé par l'une des parties entraîne le paiement de la contribution pour l'autre partie.

Pour plus de sûreté, des commissaires nommés par

les mutualités seront chargés d'assurer, dans les établissements de leur ressort, l'exécution des conventions réciproques des opérations de prévoyance.

Des feuilles mensuelles seront fournies dans les exploitations par le soin des administrations ; ces feuilles présenteront l'état et la nomenclature, non de la paie, ce qui pourrait avoir un inconvénient, mais celle des timbres individuels délivrés à chacun des ouvriers à l'occasion de la paie.

On comprend que les indications, ainsi fournies, variant pour chaque travailleur par multiple de 50 francs, cette indication ne puisse nuire aux intéressés ni d'un côté ni de l'autre.

Dans le cas de refus à la prévoyance, l'ouvrier devra en faire la déclaration à la section à laquelle il devrait appartenir ; si, malgré les représentations qui lui seront faites, il persistait dans son opposition, le procès-verbal en serait alors dressé et signifié par la section même aux commissaires et aux intéressés patrons.

Par conséquent, dans ce cas seulement, et suivant l'observation des indications ci-dessus prescrites, un ouvrier touchant sa paie pourra être dispensé de sa retenue de prévoyance.

En aucune circonstance, et sous peine de poursuites, un employeur ne pourra être autorisé à faire une paie quelconque à un ouvrier sans lui fournir immédiatement le timbre qui doit correspondre à la catégorie de son établissement et à la valeur du salaire payé.

Ce timbre devra toujours être fourni oblitéré à la marque de l'établissement et porter la date de sa délivrance.

L'ouvrier collectionnera sur son livret individuel les timbres qui lui seront fournis. A des dates déterminées, il devra soumettre ce livret au visa du commissaire de sa section.

Ce visa indiquera, à la date, le nombre des timbres par catégorie et la participation à la Caisse des retraites qui en aura été la conséquence.

Le relevé de la dernière situation reconnue du nombre des timbres sera fait au moment du visa par le commissaire délégué ; cette indication sera transmise en double à la Société communale, une fiche restera à cette Société, l'autre sera adressée à la section cantonale.

Cette double précaution est prise pour éviter des désagréments au bénéficiaire qui aurait égaré son livret de prévoyance.

Celui-là, en effet, n'aura qu'à indiquer où il travaillait au moment du dernier visa pour permettre d'établir la dernière situation constatée, la seule qui serait valable pour l'établissement d'un duplicata de situation.

La perte pour le travailleur pourrait se réduire ainsi à une, deux ou trois valeurs de timbre mensuel, suivant l'éloignement des constats.

Les deux constatations dont nous venons de parler au sujet du visa, c'est-à-dire le nombre des timbres par catégorie et le montant de la participation à la caisse des retraites, sont les seules utiles à connaitre pour l'ouvrier, puisque les cotisations de retraite sont fixes par catégorie et par timbre unité, et que c'est la totalisation de ces cotisations qui sert plus tard à fournir la valeur du coefficient indicateur de la retraite.

Revenons maintenant aux mutualités.

Les Sociétés ont encaissé au fur et à mesure des besoins des employeurs la valeur totale représentée par chaque timbre unité.

Cet encaissement représente alors, pour la mutualité, la recette brute qui lui est propre. La somme ainsi représentée se trouve être le maximum qui va former le chapitre des ressources ou recettes ordinaires pour les besoins ordinaires de la prévoyance dans ces mutualités.

Le chapitre de la recette générale ainsi défini, il reste à faire application à chacun des chapitres spéciaux de la recette particulière à affecter à chacun d'eux ; c'est ce que nous allons présenter dans le tableau suivant, établi d'après les diverses valeurs que nous avons reconnues nécessaires pour chacun des chapitres de la prévoyance.

TABLEAU DES RECETTES

A APPLIQUER PAR TIMBRE UNITÉ AUX DIVERS CHAPITRES DE LA PRÉVOYANCE

Catégories	Salaires	Recette totale	RECETTES PARTIELLES						Cotisations des retraites	Retraite possible
			Mutualité générale	Maladies	Frais funéraires	Secours en cas de décès	Frais d'administration	Risques professionnels		
	50f et au-dessous	1	0.05	1.20	0.10	0.40	0.15	0	0	0
	50 à 100	2							0.10	24
	100 à 150	**3**							**1.10**	**264**
	150 à 200	4			**1 fr. 90**				2.10	504
	200 à 250	5							3.10	744
	250 à 300	6							4.10	984
Première	50f et au-dessous	2	0.05	1.20	0.10	0.40	0.15	0.50	0	0
	50 à 100	3							0.60	144
	100 à 150	**4**							**1.60**	**384**
	150 à 200	5			**2 fr. 40**				2.60	624
	200 à 250	6							3.60	864
	250 à 300	7							4.60	1104

Tableau des Recettes *(Suite)*

Catégories	Salaires	Recette totale	RECETTES PARTIELLES						Cotisations des retraites	Retraite possible
			Mutualité générale	Maladies	Frais funéraires	Secours en cas de décès	Frais d'administration	Risques professionnels		
Deuxième	50f et au-dessous	3	0.05	1.20	0.10	0.40	0.15	1.00	0.10	24
	50 à 100	4	2 fr. 90						1.10	264
	100 à 150	**5**							**2.10**	**504**
	150 à 200	6							3.10	744
	200 à 250	7							4.10	984
	250 à 300	8							5.10	1224
Troisième	50f et au-dessous	4	0.05	1.20	0.10	0.40	0.15	1.50	0.60	144
	50 à 100	5	3 fr. 40						1.60	384
	100 à 150	**6**							**2.60**	**624**
	150 à 200	7							3.60	864
	200 à 250	8							4.60	1104
	250 à 300	9							5.60	1344

Tableau des Recettes *(Fin)*

Catégories	Salaires	Recette totale	RECETTES PARTIELLES: Mutualité générale	Maladies	Frais funéraires	Secours en cas de décès	Frais d'administration	Risques professionnels	Cotisations des retraites	Retraite possible
Quatrième	50f et au-dessous	5	0.05	1.20	0.10	0.40	0.15	2.00	1.10	264
	50 à 100	6	3 fr. 90						2.10	504
	100 à 150	**7**							**3.10**	**744**
	150 à 200	8							4.10	984
	200 à 250	9							5.10	1224
	250 à 300	10							6.10	1464
Cinquième	50f et au-dessous	6	0.05	1.20	0.10	0.40	0.15	2.50	1.60	384
	50 à 100	7	4 fr. 40						2.60	624
	100 à 150	**8**							**3.60**	**864**
	150 à 200	9							4.60	1104
	200 à 250	10							5.60	1344
	250 à 300	11							6.60	1584

Ainsi que l'on peut s'en rendre compte, *les valeurs en diminution sur le chiffre total du timbre unité* sont invariablement *0.05 + 1.20 + 0.10 + 0.40 + 0.15 = 1 fr. 90,* plus 0 fr. 50 par catégorie, ce qui fournit les chiffres de *1 fr. 90, 2 fr. 40, 2 fr. 90, 3 fr. 40, 3 fr. 90, 4 fr. 40 pour la diminution à effectuer par timbre unité suivant les catégories pour obtenir le reste qui doit fournir la cotisation de retraite.*

(Ces chiffres modifient ceux trouvés précédemment parce que nous avons fait entrer en compte la valeur nécessaire pour les secours en cas de décès).

A titre de renseignement, nous avons indiqué, en regard de la cotisation de retraite, ce que pourrait être au maximum la pension, si le maximum de cotisation était toujours atteint pendant les 45 années de stage.

Vérification des chiffres du tableau précédent

Étant données les valeurs à fournir pour les divers chapitres de la prévoyance, nous allons essayer une comparaison entre une application de ces chiffres et les résultats présentés à la suite d'une année d'exercice par la Société de secours mutuels de Pontoise.

Le compte rendu des opérations, présenté pour l'année 1892, fournit les renseignements suivants :

Membres actifs.................. 293
Cotisation annuelle....... 14 francs

RECETTE BRUTE :

Des membres actifs................	4.102 fr.
Des membres honoraires...........	1.152 —
Total.................	5.254 fr.

Décès (pour ceux auxquels il a été fourni une indemnité)................... 5 (soit 1.76 0/0 des actifs)
Retraités................. 10 (soit 3.52 0/0 des actifs)

DÉPENSES :

Services des Maladies :

Indemnités...........................	2.899 fr.	50
Médecin............................	1.100	»»
Pharmacien..........................	1.079	35
Total..............	5.078 fr.	85
Frais funéraires.......................	250	»»
Frais d'administration................	426	»»
Versement à la Caisse des retraites..	600	»»
Indemnités pour pensions...........	462	05
Total général.......	6.806 fr.	90

Nota. — Malgré l'apparence d'un excédent de dépense de 1,552 fr. 90 sur les recettes des membres actifs et des membres honoraires, la Société ayant des revenus, les comptes établis présentent un excédent de recettes de *446 fr. 71.*

Mettons en parallèle la composition d'une mutualité formée d'un même nombre de travailleurs, soit 293, et supposons-les appartenant à des établissements classés hors catégorie (sans risques). En comptant un travail régulier pendant 12 mois et en opérant sur le salaire moyen de 100 à 150 francs, la valeur de la recette brute sera représentée par 293 × 12 = 3,516 timbres unités à 3 francs = 10,548 francs.

La répartition de cette recette sera immédiatement faite de la manière suivante :

Au chapitre de la mutualité générale :		
Par 3,516 timbres à 0 fr. 05	175 fr.	80
Au chapitre maladies :		
Par 3,516 timbres à 1 fr. 20	4.219	20
Au chapitre frais funéraires :		
Par 3,516 timbres à 0 fr. 10	351	60
Au chapitre des secours en cas de décès :		
Par 3,516 timbres à 0 fr. 40	1.406	40
Au chapitre des frais d'administration :		
Par 3,516 timbres à 0 fr. 15	527	40
Au chapitre des risques professionnels :		
Néant.		
Au chapitre des cotisations de retraites :		
Par 3,516 timbres à 1 fr. 10	3.867	60
Total égal à la recette générale	10.548 fr.	»»

Établissons maintenant le parallèle par chapitre avec les dépenses de la Société de Pontoise, nous obtenons :

Chapitre des maladies :

Notre recette..............................	4.219 fr. 60
Les dépenses de la Société ayant été de..	5.078 85
Il y a débet de.......................	859 fr. 25

Étant donné notre moyenne fixe, si semblable résultat se présentait, on pourrait avoir la conviction que ce service aurait été surchargé, c'est-à-dire que des éléments de passage ou une épidémie auraient augmenté les charges ordinaires ; ce débet serait alors à la charge de la Caisse centrale des compensations.

A la Société de Pontoise, on est peut-être un peu large en raison des ressources extraordinaires dont on dispose, c'est ce qui explique que le seul chapitre des maladies absorbe et au delà les cotisations ordinaires des membres actifs et la plus grande partie des ressources fournies par les membres honoraires.

Chapitre des frais funéraires :

Notre recette..................................	351 fr. 60
Les dépenses ayant été de.................	250 »»
Il y a boni de..........................	101 fr. 60

Chapitre des secours en cas de décès :

Notre recette...............................	1.406 fr. 40
Nous pourrions prévoir 5 indemnités en moyenne à 200 francs.........................	1.000 »»
Et présenter un boni de.................	406 fr. 40

Chapitre des frais d'administration :

Notre recette............................	527 fr. 40
Les dépenses ayant été de................	426 »»
Il y a un boni de........................	101 fr. 40

Chapitre des risques professionnels :

Notre recette..............................	Néant.
Dépenses...................................	Néant.

Chapitre des pensions de retraites :

Notre organisation présente pour cette catégorie et pour le salaire moyen de 100 à 150 francs une retraite maximum de 284 francs.

Notre recette étant de....................	3,867 fr. 60
10 pensionnaires à 264 francs présentent une dépense de................................	2.640 »»
Il y aurait encore un boni de......	1.227 fr. 60

En supposant les opérations exécutées, la récapitulation générale présenterait :

Bonis :

Chapitre	des frais funéraires.............	101 fr.	60
—	des secours en cas de décès.....	406	40
—	des frais d'administration.......	101	40
—	des pensions de retraites........	1.227	60
	Total.................	1.837 fr.	»»

Débet :

Chapitre des maladies..................	859	25
Différence en faveur d'un boni de....	978 fr.	75

On voit ainsi que cette somme de 978 fr. 75 représente une proportion d'environ 9 0/0 de la recette brute pour le cas le plus simple en comparaison des dépenses dans une mutualité où on va un peu largement en raison des motifs indiqués précédemment. L'exemple que nous venons de prendre met bien en évidence la valeur des chiffres que nous proposons ; il montre également que les résultats qu'ils fourniront seront plutôt supérieurs à ceux consacrés par la pratique, même pour le cas de Sociétés ayant des revenus permettant de ne pas regarder de trop près à la dépense.

Examinons maintenant la question sous une autre condition, celle de la même quantité de timbres que précédemment (3,516), mais fournis par des établissements de différentes catégories, et admettons, pour simplifier le travail, les recettes calculées sur les *moyennes reconnues* pour chacune des catégories correspondantes.

Les 3,516 timbres sont fournis comme suit (1) :

640	hors catégorie	à 3f	=	1.920f
1.520	1re —	à 4	=	6.080
760	2e —	à 5	=	3.800
400	3e —	à 6	=	2.400
120	4e —	à 7	=	840
76	5e —	à 8	=	608

Total recette brute..............	15.648f
Le total précédent étant de......	10.548
Différence en plus de...........	5.100f

On voit ici que l'introduction de la contribution suivant les risques à courir dans les établissements augmente la recette brute de la catégorie ordinaire de près de 50 0/0. Cette proportion constitue bien le troisième tiers de la contribution à la charge des employeurs.

(1) La répartition des timbres a été réglée ici avec intention proportionnellement à la quantité des établissements qui a été indiquée comme existant par catégorie. La valeur de la moyenne ressort ici à 4 fr. 40 par timbre unité, c'est-à-dire 10 0/0 au-dessus de la moyenne cotée pour la première catégorie. L'influence du nombre des ouvriers augmenterait plutôt cette moyenne.

Voyons maintenant la répartition aux différents chapitres de la prévoyance.

Recettes partielles invariables

Au chapitre de la mutualité générale :

3,516 timbres à 0 fr. 05..................	175 fr.	80

Au chapitre de la maladie :

3,516 timbres à 1 fr. 20..................	4.219	20

Au chapitre des frais funéraires :

3,516 timbres à 0 fr. 10..................	351	60

Au chapitre des secours en cas de décès :

3,516 timbres à 0 fr. 40..................	1.406	40

Au chapitre des frais d'administration :

3,516 timbres à 0 fr. 15..................	527	40

Au chapitre des risques professionnels :

Recettes partielles par catégorie

3,516 timbres						
640	hors catégorie	à	0f 00	=	000	
1.520	1re —	à	0 50	=	760	
760	2e —	à	1 »»	=	760	2.550 »»
400	3e —	à	1 50	=	600	
120	3e —	à	2 »»	=	240	
76	5e —	à	2 50	=	190	

Au chapitre des cotisations de retraites :

Recettes partielles par catégorie
et par valeur de timbre (nous prenons ici la moyenne)

3,516 timbres						
640	hors catégorie	à	1f 10	=	704f »»	
1.520	1re —	à	1 60	=	2.432 »»	
760	2e —	à	2 10	=	1.596 »»	6.417 60
400	3e —	à	2 60	=	1.040 »»	
120	4e —	à	3 10	=	372 »»	
76	5e —	à	3 60	=	273 60	

Total égal à la recette générale...	15.648 fr. »»

On voit par ce qui précède :

Que le chapitre des risques professionnels offre une bonne marge pour les conséquences des accidents dans le travail, et qu'en estimant à 1 0/0 au maximum par année les sinistres capables d'entrainer des incapacités permanentes, nous aurions ici trois victimes qui pourraient bénéficier d'une pension annuelle d'environ 800 francs, soit environ 2 francs par jour ;

Que le chapitre de la retraite a une recette considérablement augmentée, et, en supposant les dix retraités de notre exemple, la pension annuelle pourrait être portée à 600 francs valeur moyenne.

Le *chiffre vrai* pour chacun des bénéficiaires ayant à être réglé, comme nous l'avons exposé, par un coefficient déterminé par la 1/45 partie de la totalisation des cotisations de retraite, la répartition des 6,417 fr. 60 aurait lieu d'après les valeurs du tableau spécial.

Valeur générale
des
capitaux nécessaires à la prévoyance

En appliquant la prévoyance à tous les intéressés, hommes et femmes, des travaux manuels, on peut approximativement se rendre compte de l'importance des capitaux qui devront entrer en circulation pour répondre aux besoins que nous avons indiqués.

Le nombre des ouvriers, hommes et femmes, du travail manuel a été évalué de 8 à 9 millions. En admettant un rapport de 30,000 fois, les chiffres trouvés pour les 293 sociétaires qui ont servi de base à nos calculs, nous aurons les prévisions de notre travail appliqué à 293 × 30,000 = 8,790,000 unités ; ce chiffre n'a rien d'exagéré.

Dans ces conditions, la valeur totale des capitaux de prévoyance serait de 15,648 × 30,000 = 469,440,000 francs, qui se répartiraient :

Au chapitre général de la mutualité générale :

A raison de 175 fr. 80 × 30,000 = 5.274.000 f

Au chapitre général de la maladie :

A raison de 4,219 fr. 20 × 30,000 = 126.576.000

Au chapitre des frais funéraires :

A raison de 351 fr. 60 × 30,000 = 10.548.000

A reporter...... 142.398.000 f

Report........	142.398.000 f
Au chapitre des secours en cas de décès :	
A raison de 1,406 fr. 40 × 30,000 =	42.192.000
Au chapitre des frais d'administration :	
A raison de 527 fr. 40 × 30,000 =	15.822.000
Au chapitre des risques professionnels :	
A raison de 2,550 fr. × 30,000 =	76.500.000
Au chapitre des cotisations de retraite :	
A raison de 6,417 fr. 60 × 30,000 =	192.528.000
Total égal.........	469.440.000 f

Nota. — Étant donnée l'importance des chiffres que nous venons d'établir, nous prions notre lecteur de bien vouloir se reporter à ce que nous disions dans l'étude préliminaire principalement au sujet des retraites de la prévoyance par capitalisation.

Les petites cotisations et leur résultat en mutualité

La réflexion que l'on peut faire en étudiant les chiffres fournis dans le chapitre précédent nous montre la valeur de la mutualité appliquée aux plus petites ressources. On y voit successivement les sommes mensuelles que nous avons indiquées comme celles nécessaires à faire fournir par unité individuelle ou timbre unité pour les divers chapitres de la prévoyance, comme :

	0f 05	qui arrive à produire annuellement...	5.274.000f
	1 20	—	126.576.000
	0 10	—	10.548.000
	0 40	—	42.192.000
	0 15	—	15.822.000
	2 10	pour les risques.	76.500.000
		pour les retraites	192.528.000
Total..	4f »»	produisant annuellement	469.440.000f

Que dire de semblables résultats ?

Les chiffres ont ici leur éloquence, et, devant des sommes aussi importantes, surtout en ce qui concerne les valeurs nécessaires pour constituer les retraites que nous avons indiquées, nous nous demandons s'il y aurait un système raisonné de capitalisation qui puisse permettre d'obtenir un résultat aussi concluant.

On peut toujours calculer il est vrai, exposer avec assurance un système de capitalisation capable de présenter le résultat à prévoir, mais peut-on apprécier aussi exactement les conséquences au point de vue économique. Pour nous, nous avons au sujet du système par capitalisation signalé de sérieux inconvénients.

D'autre part, peut-on dire que les chiffres que nous avons trouvés sont exagérés ? Non, car ces chiffres ne sont que la déduction de faits expliqués, déjà connus, même déjà payés, auxquels il n'a manqué que la cohésion pour que leur importance devienne palpable, les résultats pratiques.

Pour nous, les résultats indiqués, non seulement seront obtenus, mais seront dépassés parce que notre expérience nous a fait nous tenir en dessous des prévisions possibles. Le tout, pour leur obtention, est que *les plus intéressés le veuillent, et qu'en le voulant, on prenne les moyens pour arriver à la solution.*

La contribution fondamentale d'environ 3 0/0 du salaire n'a rien d'exagéré ; elle coûte autant actuellement aux uns et aux autres, plus peut-être que celle que nous réclamons.

Le travailleur ne demande pas que l'on pousse la condescendance à son égard jusqu'à l'affranchir d'une quote-part qu'il sait comprendre devoir être la sienne ; il sera toujours partisan de ce qui pourra être fait pour lui si c'est avec justice et équité que les prévisions sont établies et si sa dignité d'homme reste à l'abri comme doit l'être sa liberté dans le travail, là comme partout ailleurs.

Quant à l'employeur, la contribution qui en résulte pour lui ne peut pas être de nature à l'inquiéter. Dans les affaires, 2 à 3 0/0 sont facilement retrouvés quand on peut avoir la tranquillité d'esprit et des rapports faciles avec tous ceux qui vous entourent.

Donc, avec nos petites ressources mutualisées, nous pourrons obtenir :

Bienfaits pour les uns ;

Assurance contre les empêchements au travail pour les autres ;

L'union possible des uns et des autres.

Dans ces conditions, tous les travailleurs, délivrés des soucis de l'inconnu, produiront d'autant mieux en quantité et en qualité. La richesse nationale ne peut que gagner à cet ordre de choses.

La Mutualisation et le besoin d'un capital de réserve

Il n'est si bonne organisation qui ne doive comprendre une réserve quelconque pour les cas imprévus, comme, par exemple, ici, la prévision d'une guerre qui suspendrait les effets de mutualisation.

En effet, notre organisation comportant à peu de chose près l'emploi presque immédiat des sommes laissées pour la prévoyance générale, il pourrait se faire qu'à un moment donné les moyens d'existence soient suspendus, laissant les bénéficiaires des pensions sans les ressources sur lesquelles ils comptaient et les mettant ainsi aux prises avec les nécessités dont on a justement cherché à les affranchir.

Cette hypothèse nous fait entrevoir là une grosse difficulté ; pour la résoudre, nous penserions établir pendant les premières années de la mise en pratique une retenue déterminée pour arriver à constituer au bout de quinze ou vingt ans la valeur d'une année de ressources pour les services de la prévoyance.

Cette ressource conservée, dans certaines conditions, à la disposition des mutualités, permettrait aux pensionnés d'envisager l'avenir sans aucune appréhension et donnerait d'autant plus de force à la mutualisation et aux résultats qui en sont la conséquence.

Notre projet et les Sociétés actuelles de prévoyance

Un point important, ou que nous avons considéré comme tel, était, dans notre projet, de rester dans le cadre d'organisation et les indications des besoins des Sociétés de secours mutuels existantes.

Nous estimions, en effet, que, pour être pratiques et donner toutes facilités d'édifier quelque chose de durable, la première condition était de se servir de matériaux connus dont l'expérience, tout en montrant quelques défauts, a cependant consacré l'usage.

En un mot, nous nous sommes servis des courants établis, nous les avons réunis, afin que les effets en soient plus visibles et que, n'ayant plus qu'une seule direction à suivre, les résultats soient plus féconds, la gérance et l'administration plus faciles à établir et à surveiller.

N'ayant apporté à notre conception aucune combinaison capable d'apporter un trouble quelconque dans l'organisation des Sociétés, aucune perturbation dans leur fonctionnement, il se trouvera immédiatement 1,500,000 sociétaires déjà rompus avec l'organisation actuelle et pour lesquels notre projet sera plutôt la consécration de tout ce qui a été désiré jusqu'à ce jour en prévoyance. Ces 1,500,000 travailleurs formeront facilement le noyau de l'organisation présentée, parce que ces sociétaires comprendront d'autant mieux la portée et les bienfaits à venir de notre manière de faire. De plus, à l'inverse des Sociétés actuelles, qui ont besoin pour établir les ressources suffisantes de consacrer aux ressources ordinaires non seulement les cotisations des membres actifs, mais encore celles facultatives des membres honoraires, notre projet va permettre d'établir deux chapitres de recettes et de dépenses :

Un chapitre de recettes ordinaires pour dépenses ordinaires ; ce premier chapitre comprend toutes celles que nous avons précédemment étudiées.

Un chapitre de recettes extraordinaires pour dépenses extraordinaires.

Ce chapitre comprendra :

1° Les ressources à provenir, quand cela sera nécessaire, de la Caisse centrale des compensations ;

2° Les ressources que pourront fournir les membres honoraires, les placements actuellement faits par certaines Sociétés ;

3° Les dons, legs et, en général, toutes les recettes imprévues.

Ce chapitre des ressources extraordinaires fournira ou pourra fournir des subsides pour les maisons de retraite à établir pour les vieillards pensionnés ou invalides ; pour les maisons d'éducation et d'enseignements professionnels qui pourront être organisés en faveur des orphelins des travailleurs ; pour les maisons communales hospitalières à l'usage des ouvriers de passage.

Comme on le voit, ce ne sont pas les besoins qui manqueront ; mais cette énumération n'a rien qui doive effrayer, car, avec le temps, de l'unité de vue et de l'organisation, on vient à bout de tout. L'important est d'avoir une bonne base de départ, des ressources suffisantes et de suivre ce que l'on veut avec persévérance, nous dirons même avec ténacité.

Nous nous croyons donc en droit de dire que notre

projet n'est qu'un perfectionnement de ce qui existe, à base plus large, parce que nous offrons les ressources suffisantes avec augmentation de ce que les mutualistes ont successivement essayé de réaliser, et dont nous généralisons l'application afin de faire rendre à la prévoyance tous les services que le travailleur peut espérer obtenir.

Nota. — Nous ne saurions trop le répéter ; avec leurs ressources, les Sociétés actuelles ne pouvaient mieux faire. Un sou est un sou, et tous les volumes que l'on a pu écrire au sujet de son emploi, toutes les combinaisons que l'on a pu proposer, n'ont pu fournir un résultat pratique quand les besoins pour la prévoyance indiquent qu'il en faut trois.

NOTRE CONCLUSION

Des diverses propositions que nous venons de présenter, il peut ressortir que les grandes lignes de notre projet de prévoyance mutuelle auraient pour bases principales :

La liberté individuelle des travailleurs après comme avant l'engagement au travail ;

La contribution pour les besoins de la prévoyance basée par la valeur individuelle sur celle des produits du travail et sur les risques à courir dans les professions ;

La contribution à la prévoyance obligatoire solidaire pour l'employeur par le travailleur ;

La mutualisation générale de tous les fonds nécessaires pour les applications à la prévoyance, pour les maladies, décès, accidents professionnels, invalidité, retraites pour la vieillesse ;

Une organisation type, unitaire, de toutes les mutualités pour la France et ses colonies ;

La généralisation des mutualités communales avec centres administratifs par chefs-lieux de canton rattachés à un conseil supérieur de prévoyance nommé par les pouvoirs publics ;

La gérance des sections communales ramenées à des applications de valeurs fixes en recettes comme en dépenses pour tous les besoins de la prévoyance ;

La valeur de la retraite établie d'après ce qu'aura été la valeur individuelle et la constance des efforts dans le travail.

Et, comme moyens d'exécution :

La création des timbres mobiles de prévoyance ;

Du livret individuel de cotisation ;

Du carnet de retraite ;

D'un régulateur des opérations de mutualité, la Caisse centrale des compensations.

Telles sont les bases principales de notre projet, abstraction faite pour le moment, afin de ne pas charger inutilement notre étude, de toutes les prévisions secondaires de détails d'organisation, de tarification de maladie, de sinistres, de responsabilité en cas d'accidents, etc.., qui n'auront leur raison d'être établies qu'autant que le projet principal aura été apprécié.

Nous en resterons donc là pour cette première édition.

A tous les hommes de bonne volonté

Nous venons d'exposer nos idées en toute conscience. Nous sommes à l'avance convaincu des heureux effets qui doivent être retirés d'une bonne organisation généralisée de la prévoyance et de la mutualité.

Tout en ayant fait de notre mieux pour présenter des idées qui puissent répondre à un type d'organisation, et quelle que puisse être la valeur que chacun pourra leur accorder, *notre effort, s'il est bien jugé, sera nul s'il doit être isolé.*

Ici donc, la mutualité dans l'effort s'impose encore une fois. De même que le sou mensuel multiplié est la source d'une valeur annuelle importante, de même ici le moindre effort consacré à la propagation de l'idée de généralisation de prévoyance et de mutualité doit être le bien venu, d'où qu'il puisse venir, en raison du but à atteindre.

Quant aux moyens plus importants que pourront fournir ceux qui, par leur talent d'écrivain, de législateur, ou à un autre point de vue que peut permettre à certains leur haute situation, nous devons naturellement en profiter, car ceux-là ne peuvent se dérober. Placés en vedette dans la société, leur rôle est indiqué, leur éducation les met forcément en face du devoir à remplir. N'ayant pas le droit d'ignorer les besoins de l'humanité en général, ceux des travailleurs en particulier, ils sentiront d'autant mieux la hauteur de la mission qui leur incombe, et nous ne doutons pas que leur participation à l'effort commun doit être l'action principale qui permettra de mener à bien notre entreprise.

Certes, il y a beaucoup à faire, et nous n'ignorons rien de ce que peut coûter d'effort un projet, non seulement pour le mener à bien, mais surtout pour le rendre pratique lorsqu'il est accepté. Il est toujours facile de mettre sur le compte de l'imprévoyance, de l'insouciance, voire même de l'égoïsme, l'absence des solutions données aux questions sociales. Il y a là, en effet, une force d'inertie contre laquelle on se heurte quelquefois vainement, mais cette force là n'est pas ce que l'on en pense généralement. Elle est plutôt le résultat d'un manque de coordination des idées, d'un défaut d'organisation dans l'ensemble, et presque toujours d'un manque de connaissances pratiques dans les diverses parties où on se trouve entraîné dans l'étude des questions sociales, toutes conditions cependant indispensables à réunir pour permettre de présenter un tout, capable de faire voir dans l'action finale un résultat complet. De là, des essais infructueux, des efforts perdus qui peuvent se traduire par une exagération des besoins et, par suite, une autre exagération des moyens d'action.

Donc, ayant pour notre projet une base ferme pour l'étude, un pivot autour duquel peut s'établir la discussion, si le principe en est arrêté et suivi, le reste viendra naturellement. La volonté, là comme en toute chose, peut être toute puissante et, comme nous le disions plus haut, avec la persévérance, la ténacité, on finira par faire aboutir cette première question.

Unissons donc nos efforts, mutualisons toutes les bonnes volontés et soyons progressistes dans l'acception véritable du mot pour l'intérêt général et par lui pour la prospérité et la grandeur du pays. C'est à quoi nous arriverons en rendant complète l'émancipation du travailleur, d'abord, contre les cas d'empêchement au travail, en lui fournissant les moyens de l'assurer contre : la maladie, les accidents, les conséquences des décès, l'invalidité et la vieillesse.

FIN

APPENDICE

STATISTIQUE PUBLIÉE PAR L'EMPIRE ALLEMAND

A L'OCCASION DE L'EXPOSITION D'ANVERS

Notre travail était à l'impression lorsque, à la suite d'une visite récente à l'Exposition internationale d'Anvers (juin 1894), nous avons découvert, dans l'exposition de la partie allemande, le travail de statistique exposé par les soins de son gouvernement.

Nous avons pensé que ce travail pourrait avoir quelque intérêt pour nos lecteurs, nous le donnons donc ici comme il a été présenté.

ASSURANCE OUVRIÈRE DE L'EMPIRE ALLEMAND

Population totale......	**50,000,000**
Ouvriers salariés......	**12,500,000**

Soit le quart de la population.

L'assurance impériale obligatoire, reposant sur la mutualité et l'autonomie des intéressés, embrasse, sans *distinction de nationalité*, toutes les personnes qui, en Allemagne, travaillent contre salaire ; elle donne à chaque assuré, en cas de *maladie, d'accident, d'invalidité* ou de *vieillesse*, contrairement à l'assistance publique, *un droit légal*, à une série de *secours nettement déterminés, sans frais* de procédure.

APERÇU GÉNÉRAL

ASSURANCE		MALADIE	ACCIDENT	INVALIDITÉ
Personnes assurées		7.630.000	18.050.000	11.280.000
Recettes générales y compris le solde au commencement de l'exercice et les intérêts dans le même temps		168.750.000 f	93.000.000 f	143.500.000 f
Dont	payé par les patrons	40.000.000	72.000.000	60.125.000
	payé par les ouvriers	97.500.000	»	60.125.000
Par tête d'assuré et par année	payé par les patrons	5 f 25	4	5 f 33
	payé par les ouvriers	12 77	»	5 33
Total annuel	payé par les patrons	14 f 58		
	payé par les ouvriers	18 10		
Total		32 f 68		

A ce total doit s'ajouter la contribution de l'État.

RÉSULTATS

ASSURANCE	MALADIE	ACCIDENT	INVALIDITÉ
Personnes indemnisées..................	2.768.000	258.460	239.650
Proportion pour 1,000 assurés............	362.8	14.32	21.2
Payé... Indemnités.....................	128.750.000 f	47.750.000 f	35.000.000 f
Payé... Frais de gestion...............	7.625.000	10.000.000	6.000.000
Indemnité payée par cas................	46 f 25	184	146
Charges par tête d'assuré...............	17 87	3 f 20	3 f 63
Frais de gestion par 100 fr. de la recette brute..................................	4 52	10 75	4 88
Dépenses y compris les versements pour constitution du capital de réserve pour chaque assurance......................	158.750.000	73.000.000	143.500.000
Dépense par tête d'assuré...............	20 f 80	4	12 f 72
Dépense totale..........................	37 52	»	»» »»

ASSURANCE CONTRE LA MALADIE
EN ALLEMAGNE

Cette assurance, établie par la loi impériale du 15 juin 1883, embrasse les personnes occupées dans l'*industrie* et le *commerce* recevant un salaire ou des appointements (jusqu'à 2,500 francs) ; elle fonctionne au moyen des caisses de maladie organisées localement par branche de profession. L'extension de cette assurance aux *ouvriers agricoles* et aux *domestiques* n'est pas encore un fait accompli.

Principes généraux

Les cotisations sont versées pour 1/3 par les patrons et pour les 2/3 par les ouvriers, proportionnellement au salaire journalier (avec maximum de 3 0/0) ; dans les caisses libres, les ouvriers supportent seuls les cotisations.

Les secours comprennent :

1° Soins médicaux et médicaments gratuits ;

2° En cas d'incapacité de travail, une allocation de 50 0/0 du salaire journalier pendant une durée de treize semaines, — ou soins gratuits dans une maison de santé et la moitié de l'allocation pour la famille pendant le même temps ;

3° Un secours semblable aux femmes en couche pendant quatre semaines ;

4° En cas de mort, des frais funéraires montant à vingt fois le salaire journalier.

Résultats moyens 1885-1890

Pour 1 assuré, il y a annuellement	Cotisations	du patron	4 f 61	17 f 21
		de l'ouvrier	12 60	
	Frais	de maladie	11 77	15 72
		de gestion	0 81	
Pour 100 assurés, on compte	Jours de maladie			15.7 cas
	Frais			40 f 50
Pour 100 assurés, on compte	Chez les hommes			37.4 cas
	Chez les femmes			31.8 —
	En général			36.3 —
Pour 100 fr. de frais payés pour les cas de maladie, on dépense	Secours pécuniaires			47 f 91
	Médecin			19 97
	Médicaments			16 04
	Hôpitaux			10 49
	Frais funéraires			4 28
	Femmes en couche			1 31

ASSURANCE CONTRE LES ACCIDENTS

EN ALLEMAGNE

Cette assurance, établie par les lois impériales de 1884-1887, embrasse les ouvriers, employés d'exploitation ayant un revenu inférieur à 2,500 francs et chefs de petits établissements de l'industrie et de l'agriculture; elle fonctionne au moyen de la mutualité entre les patrons réunis en associations professionnelles. L'extension de cette assurance au commerce et à la petite industrie n'est pas encore faite.

Principes généraux

Les cotisations sont versées annuellement par les patrons, proportionnellement aux services du personnel, c'est-à-dire à la totalité des salaires ou au nombre des ouvriers et au degré de danger de chaque établissement.

Les indemnités comprennent :

En cas de blessure, à partir de la 14e semaine après l'accident, c'est-à-dire en continuation de l'assurance-maladie :

1° Les frais de médecins et médicaments; 2° Une rente pour l'incapacité de travail jusqu'à 66 2/3 0/0 du salaire annuel	ou	les soins gratuits dans une maison de santé, jusqu'à complète guérison, avec une rente pour la famille comme en cas de mort.

En cas de mort :

3° Frais funéraires montant à vingt fois le salaire journalier, sans être, en aucun cas, inférieurs à 37 fr. 50.

Une rente pour les survivants à partir du jour de la mort........	Veuves et enfants jusqu'à 60 0/0..	du salaire annuel
	Parents dans le besoin, 20 0/0..	

Résultats moyens

Dépenses par accident........................ 250 fr.

Sur 1,000 assurés, nombre de personnes indemnisées ...	blessées.................		6.3
	survivantes.	Veuves.......	1
		Orphelins.....	1.9
		Parents.......	0.1
Sur 100 fr. d'indemnité, il y a	Rentes pour....	les blessés....	68 f 66
		les survivants.	21 35
	Frais pour....	soins.........	8 61
		inhumation...	1 38

Nota. — Les indications des tableaux ci-après, relevées sur des graphiques établis à trop petite échelle, n'ont pas permis de fournir des chiffres très précis; les indications d'ensemble sont cependant suffisantes pour des évaluations approximatives.

STATISTIQUE DES ACCIDENTS

SURVENUS DANS L'INDUSTRIE EN ALLEMAGNE EN 1893

DANS LES PROFESSIONS DE :	BLESSURES POUR 100 ASSURÉS ayant entraîné				
	L'INCAPACITÉ				LA MORT
	PASSAGÈRE		PERMANENTE		
	jusqu'à 13 semaines	jusqu'à six mois	partielle	totale	
Industrie textile et du vêtement...	»	2.5	2.2	0.3	0.4
— du bois et du papier....	»	6.1	5.2	0.5	0.4
— du bâtiment............	»	6.5	4.5	0.9	0.7
— alimentaire et chimique.	»	6.2	5.2	1.2	0.6
— métallurgique..........	»	6.9	5.5	0.7	0.4
— des transports.........	»	9	6.8	2	1.8
— des mines.............	»	8.3	6.4	2.3	1.8
Autres industries................	»	6.3	5	1	0.7

Statistique des Accidents. *(Suite)*

PAR	SUR 100 BLESSURES CAUSÉES ont entraîné			
	L'INCAPACITÉ			LA MORT
	PASSAGÈRE jusqu'à six mois	PERMANENTE		
		partielle	totale	
Outils manuels	5.8			0.5
Moteurs et transmissions	3.5			1
Machines	23			2.5
Explosions et feu	8			2.8
Chute d'échelle et d'escalier	14.5			3.1
Transports	22			5
Effondrements et éboulements	21.5			5.6

Statistique des Accidents *(Fin)*

PAR	SUR 100 BLESSURES CAUSÉES ont entraîné			
	L'INCAPACITÉ			LA MORT
	PASSAGÈRE jusqu'à six mois	PERMANENTE		
		partielle	totale	
Manque de précautions	13			2
Défauts dans l'installation des ateliers	7.5			1.5
Défauts dans la direction des travaux	4			0.5
Faute du blessé	7.5			2
Inattention du blessé	18			3
Faute des autres ouvriers	4			0.5
Dangers inévitables	44			8.5
Causes inconnues	4			3

ASSURANCE
CONTRE L'INVALIDITÉ ET LA VIEILLESSE
EN ALLEMAGNE

Cette assurance, établie depuis le 1er janvier 1891 par la loi impériale du 22 juin 1889, embrasse les travailleurs de toutes les branches de professions et diffère par son organisation essentiellement régionale des autres branches d'assurances dont l'organisation est professionnelle. Quand elle aura atteint son plein fonctionnement, sur 100 assurés, il y aura un pensionné pour vieillesse et onze pensionnés pour invalidité, c'est-à-dire que pour une population totale de 50 millions d'habitants, il y aura **1,500,000** pensionnés qui jouiront ensemble de **412,500.000** francs de pension.

Principes généraux

DANS LES 4 CLASSES DE SALAIRES RESPECTIVEMENT (PAR AN)	JUSQU'A 437 f 50	JUSQU'A 687 f 50	JUSQU'A 1.062 f 50	AU-DESSUS de 1.062 f 50
Cotisation hebdomadaire supportée moitié par les patrons moitié par les ouvriers	0 f 175	0 f 25	0 f 30	0 f 375
Cotisation totale de l'assuré... pendant les 5 années d'attente	20 56	29 37	35 25	44 06
Cotisation totale de l'assuré... pendant les 50 années.	284 37	355 77	547 62	580 97
Pension annuelle, y compris le subside de l'Empire de 62 fr. 50 :				
Pension d'invalidité (pour incapacité de travail) après... les 5 années d'attente.	144 »	155 25	164 25	176 25
Pension d'invalidité (pour incapacité de travail) après... 50 années	202 50	333 »	430 50	560 25
Pension de vieillesse (pour septuagénaires pouvant encore travailler)	133 50	168 75	204 »	239 25

Résultats moyens

		Dans la 1re année	Dans la 50e année
Par assuré	Cotisation	10 f 26	22 f 50
	Subside de l'Empire	0 675	7 50
	Pension	1 70	34 175
	Frais de gestion	0 50	0 50
	Capital	8 86	156 66
Pension annuelle	d'invalidité	141 88	282 »»
	de vieillesse	156 35	168 75
Sur 100 assurés, reçoivent des	pensions d'invalidité	» »»	11 40
	pensions de vieillesse	1 20	1 20
	pensions en général	1 20	12 60
Sur 100 fr. de pension, sont affectés	à l'invalidité	» »»	94 07
	à la vieillesse	100 »»	5 93

TABLE DES MATIÈRES

Pontoise. — Imprimerie LUCIEN PARIS

Pontoise. — Imprimerie Lucien Paris

www.ingramcontent.com/pod-product-compliance
Ingram Content Group UK Ltd.
Pitfield, Milton Keynes, MK11 3LW, UK
UKHW021936200726
13855UKWH00007B/609